# 教師のための
# 説明実践
# の心理学

山本博樹 編著

Hiroki Yamamoto

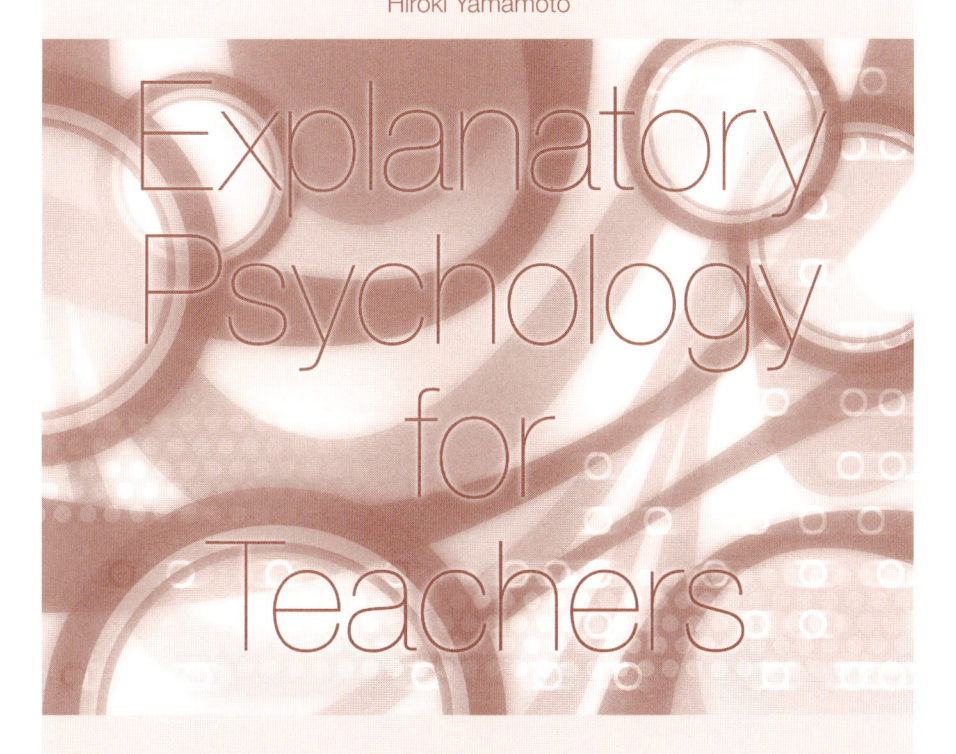

Explanatory
Psychology
for
Teachers

ナカニシヤ出版

# はじめに：「説いて明らかにする」教師のために

　「説いて明らかにする」という説明活動が独りよがりな言語活動であるはずがありません。なぜなら「明らかになる」のは相手なのですから，説明とは相手のためのものと言っても差しつかえないからです。ところが独りよがりな言語活動が「説明」と詐称して悪さをするのです。

　前著である『説明の心理学―説明社会への理論・実践的アプローチ―』（ナカニシヤ出版）が2007年に刊行されたときも，そう主張しました。前著がとくに問題にしたのは「わかりにくい」説明書でした。モノの AI 化がすすむなかで使い方がわかりません。そのための「説明書」なのにそれを読んでも「明らかに」ならないという始末でした。前著では「説明により突き動かされる社会」（説明社会）が到来したと謳ったうえで，独りよがりな「説明」を問題視し，説明の在り方を論じたのです。

　それから10年の歳月が流れましたが，今でも独りよがりな言語活動が「説明」の仮面をかぶり，悪さをしています。もはや常態化していると言ってもいいでしょう。この「説明」はどうやら学校教育でしばしば登場するようです。アクティブ・ラーニングという言葉をよく耳にするようになりましたが，学校に導入される際に聞いたスローガンを覚えていますか。それは「一方的な教師の説明に代えて」というものでした。つまり「一方的な説明」を問題視し，教室から締め出すというのです。よほど悪さが極まったのでしょう。

　しかし，この締め出しは本当に適当だったのでしょうか。「説いて明らかにする」という言語活動が相手のためのものであると言いました。改めて考えてみると，相手の心の中に「明らかでない」状態（理解不振）が宿ったとき，立ち現れてくるのが説明でしょう。つまり，説明とは相手の「明らかでない」状

態を改善する支援行為を言うのであれば（山本，2017），この支援行為までをも教室から締め出すという発想はいただけません。おそらく問題にしたかったのは「説明」の仮面をかぶった一方的な言語活動だったのでしょう。

ですから，教師の真正な説明までをも教室から締め出す動きはやり過ぎでしょう。その代わりにといって児童生徒に説明役を委ねても，独りよがりな「説明」が霧消すればよいのですが，そうはなっていないようです。やはり「説明」が猛威を振るっている様子を耳にしますが，いかがでしょうか。2020年度から完全実施される学習指導要領では「主体的・対話的で深い学び」が強調されており，説明の質の向上が強く求められています。その中で独りよがりな言語活動が相手の内面にまで届かないのなら浅い学びに止まってしまうでしょう。やはり，独りよがりな「説明」こそが問題なのです。

そこで本書では学校での独りよがりな「説明」を問題視することにしました。教師が提供すべき説明の在り方を明らかにし，行うべき説明実践の未来を提言したいと考えました。こうした試みは「主体的・対話的で深い学び」が叫ばれる今だからこそできるのかもしれません。本書の企画に賛同された気鋭の説明研究者とともに，考えてみたいと思います。

本書では，以下の3点に留意しました。

**「説明」の意味**　まさに字義のとおり，「説いて明らかにする」言語活動を説明と呼びたいと思います。もともと，説明を意味する explain は，ラテン語を起源に持ちますが，「完全にする」を意味する「ex」と，「明らかな」を意味する「plain」から成っています。つまり説明とは「明らかにする」ことです。このとき，相手には「明らかでない」状態があったと考えるのが自然なので，「明らかでない」状態を「明らかな」状態へと改善する言語活動だと言うことができるでしょう。もちろん，「明らかになる」のは相手なのですから，説明は利他的な支援行為にならざるをえないのです。たとえば，自己主張という言語活動がありますが，文章題のわからない児童生徒に教師が自己主張しても何の意味もありません。

**改善すべき「無明」**　改めて言いますが，説明は「説いて明らかにすること」です。「明」にするわけですから，ここには「無明」とも呼ぶべき「陰」が含意されています。この「無明」に対して編者は「理解不振」という用語を

あてることにしました。理由は近代教育の根本に関わります。近代教育は人間存在の根拠にカントの言う理性を置いたうえで，理解（understanding）を重視するためです。教室での「明らかでない」状態を「わからない」状態と捉え，「無明」は理解不振と考えることにします。教室では，児童生徒の理解不振を改善することが説明だと言ってもよいでしょう。

　「教師」の意味　　広辞苑（第二版）によると教師とは「学術・技芸を教授する人」を言い，総称として定義されています。ここからすると教師は学校の先生に限られないことは明らかです。実際，最近の授業では児童生徒に教師役（説き手）になってもらうことがあります。ある児童生徒が別の児童生徒に対して説明する場面も多く見受けられるようになりました。そうなのです。辞書的に言えば，児童生徒もまた教師と呼んでも差しつかえないのです。本書では，通例にならって一応は学校の先生を教師と呼びますが，教師役の児童生徒もまた教師と呼び得る役割を果たしている実情を受けとめたいと思います。よって本書では，教師役（説き手）の児童生徒もまた論考の対象とするという両面戦略を採ります。

　かくて本書は，教師が果たすべき真正な説明の実像をまさに説き明かし，研究知見を総合し説明実践に即して提言しようという点にあります。本書を通じて，説明が独りよがりな言語活動などではなく，むしろ苦戦する受け手の学びを手助けし，深い学びを紡ぎ出す言語活動であるのだということを，執筆陣が謎解きのように説き明かしていくことでしょう。よって，本書はいわゆる学校の教師や教師を目指す大学院生や学生にとって，類例のない意義のある書となることは言うまでもありません。もちろん将来説明社会をリードする児童生徒たちが手に取ってくれるならこの上ない喜びです。また，説明の実像に興味を抱かれた研究者の方々，同時に説明社会で生き抜こうとされている意欲的な皆さん，また説明を生業とされているプロフェッショナルにもお役に立てるような構成になっております。

　本書は，教師の説明実践に４つの力が必要だと考えて，対応する４部から構成されています。第Ⅰ部は「授業を創る教師の説明力」であり，この中の１章から４章で「学習指導要領・探究学習・学び合い・教授方略」の観点から教師の説明力が示されます。第Ⅱ部は「説明過程で「無明」を汲み取る力」であ

り，5章から8章で児童生徒の理解不振をつかむための力が「理解確認・発問・机間指導・予習や振り返り」の視点から解説されます。第Ⅲ部は「『無明』を『明』に改善する説明力」であり，9章から12章で児童生徒の理解不振を改善する「口頭説明・教材説明・相互説明・自己説明」の有効性が論じられます。第Ⅳ部は「授業で実践する説明力」であり，13章から15章で「算数数学・読み・作文」の各授業における説明実践の事例と在り方が示されます。

　最後に本書を刊行するにあたり，たくさんの方々から多くのご協力をいただいたことを記さねばなりません。本書は説明研究の第一人者に執筆を依頼しました。これにより本書の目的が十分に叶えられたものと喜んでおります。これゆえ，お一人お一人に御礼を申し上げたいのですが，その前に，編集の段階でさまざまなご無理を申し上げたことのお詫びをすべきだと思います。そのうえで，改めて皆さまのご協力に心より御礼を申し上げます。

　本書では独りよがりな説き手を問題視すると言いつつも，問題視すべきところの筆頭は，編者である私だったのかもしれません。私のとどまることのない独りよがりを深く受けとめ，導いてくれたのは，紛れもなくナカニシヤ出版の宍倉由髙氏でした。有能な支援者として独りよがりな編者を導いてくださいました。抜群の編集力を発揮いただいたことは言うまでもありません。宍倉氏に心より謝意を表します。

編者　山本博樹

**文　献**

比留間 太白・山本 博樹（編）(2007). 説明の心理学―説明社会への理論・実践的アプローチ― ナカニシヤ出版
山本 博樹 (2017). 説明実践を支える教授・学習研究の動向　教育心理学年報, *56*, 46–62.

# 目　　次

# 第Ⅰ部

# 授業を創る教師の説明力

# 第1章
# 学習指導要領と説明力

小野瀬雅人：聖徳大学

　本章では2020（令和2）年度から小学校で，2021（令和3）年から中学校で完全実施される学習指導要領と本書のタイトルにある「説明力」に関連の深い国語科の「説明」の扱いを中心に述べる。「説明力」については「説明」する能力と捉えることができる。その能力を育てるために，国語科では従来より「物語文」とともに「説明文」が教材として取り上げられている。とくに新学習指導要領では，「説明的な文章」の中で，その指導内容が明記されている。学校教育において本書のタイトルにある「説明力」の指導がどのような考え方・捉え方のもとで行われているかを論じることが本章の目的である。

## 1．新学習指導要領における「説明力」の捉え方

### [1] 新学習指導要領の考え方

　2020（令和2）年から小学校で，2021（令和3）年から中学校で全面実施される2017（平成29）年7月告示の学習指導要領では，総説（第1章）において，「改訂の経緯及び基本方針」が述べられている（文部科学省, 2018a, b）。

　まず，日本の現状を踏まえた近未来の予測について以下の3点がまとめられている。

　　① 今の子供たちやこれから誕生する子供たちが，成人して社会で活躍する頃には，我が国は厳しい挑戦の時代を迎える。

　　② 生産年齢人口の減少，グローバル化の進展や絶え間ない技術革新等により，社会構造や雇用環境が大きく，また急速に変化し，予測が困難な時代となる。

　　③ 急激な少子高齢化が進む中で成熟社会を迎えた我が国にあっては，一

人一人が持続可能な担い手として，その多様性を原動力とし，質的な豊かさをともなった個人と社会の成長につながる新たな価値を生み出していく。

続いて，このような現状と近未来の認識を踏まえ，今後求められる人間像について，次のように述べている。すなわち，人工知能（AI）の進化にともない，雇用の在り方や学校において獲得される知識の意味にも大きな変化をもたらすことが予測されるとしている。そこで，学校教育では，これらの課題に積極的に向き合い，他者と協働して課題を解決する能力や概念的理解，情報再構成により新たな価値をつなぎ，複雑な状況変化の中で目的を再構築する能力が求められる。

以上のような現状認識のもとに，2015（平成26）年11月に文部科学大臣は，新しい時代にふさわしい学習指導要領の在り方を中央教育審議会に諮問した結果，2017（平成28）年12月21日の答申に基づき，「よりよい学校教育を通じてよりよい社会を創る」という目標を学校と社会が共有し，連携・協働しながら，新しい時代に求められる資質・能力を子共たちに育む「社会に開かれた教育課程」の実現を目指すことになった。

そのためには，学習指導要領等が，学校，家庭，地域の関係者に幅広く共有され，活用できる「学びの地図」の役割を果たせるようにすることが求められるようになった。そこで，以下の6点にわたりその枠組みを改善するとともに，各学校において教育課程を軸に学校教育の改善・充実の好循環をもたらす「カリキュラム・マネジメント」の実現を目指すことになった。

①「何ができるようになるか」（育成を目指す資質・能力）

②「何を学ぶか」（教科等を学ぶ意義と，教科等間，学校段階間のつながりを踏まえた教育課程の編成）

③「どのように学ぶか」（各教科等の指導計画の作成と実施，学習・指導の改善・充実）

④「子供一人一人の発達をどのように支援するか」（子供の発達を踏まえた指導）

⑤「何が身についたか」（学習評価の充実）

⑥「実施するために何が必要か」（学習指導要領の理念を実現するために必要な方策）

## ［2］学習指導要領改訂の基本方針

　前項で述べた新学習指導要領の考え方に基づき，基本方針として2008（平成20）年改訂の学習指導要領の枠組みを維持したうえで，知識の理解の質をさらに高め，「確かな学力」の育成を目指すこととなった。すなわち，育成を目指す資質・能力を明確化するとともに，「生きる力」をより具体化し，教育課程全体を通して育成を目指す資質・能力を以下の3点とした。

　　① 何を理解しているか，何ができるか（生きて働く「知識・技能」の習得）
　　② 理解していること・できることをどう使うか（未知の状況にも対応できる「思考力・判断力・表現力等」の育成）
　　③ どのように社会・世界と関わり，よりよい人生を送るか（学びを人生や社会に活かそうとする「学びに向かう力・人間性等」の涵養）

　とくに①②③については，「育成すべき資質・能力の三つの柱」として図1-1のようにまとめられている（文部科学省, 2016）。


**1）「主体的・対話的で深い学び」の実現に向けた授業改善の推進**　　教師は，「主体的・対話的で深い学び」の実現のため，授業改善（アクティブ・ラーニングの視点に立った授業改善）を推進する他，以下の6点に留意し，取

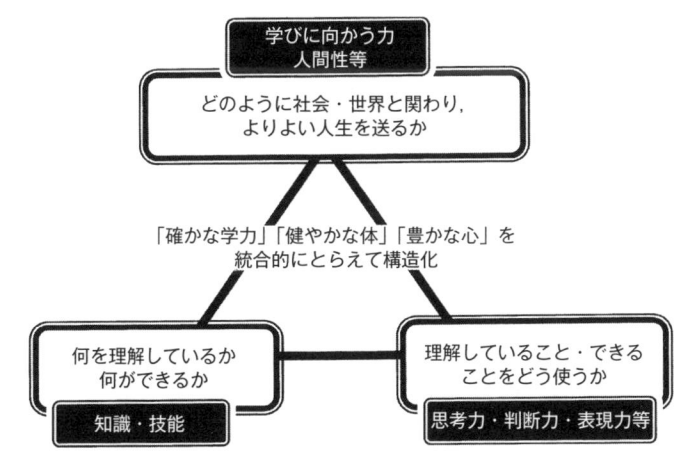

図1-1　育成すべき資質・能力の三つの柱（文部科学省, 2016）

り組む必要があるとされた。

　① 授業改善（アクティブ・ラーニングの視点に立った授業改善）は，既に小・中学校を中心に実績が積み重ねられているので，これまでやっているところはそのままでよい。特に，この視点のない中学や高校で必要としている。

　② 授業の方法や技術の改善のみを意図するものではなく，児童生徒の目指す資質・能力を育むために「主体的な学び」「対話的な学び」「深い学び」の視点で，授業改善（アクティブ・ラーニングの視点に立った授業改善）を行う。

　③ 各教科等において通常行われている学習活動の質を向上させる。

　④ 1回1回の授業で全ての学びを実現されるものでなく，単元・題材など内容や時間のまとまりのなかで行う。

　⑤ 深い学びの鍵として「見方・考え方」を働かせる。つまり，「どのような視点で物事を捉え，どのような考え方で思考しているのか」に留意する。

　⑥ 基礎的・基本的な知識及び技能の習得に課題がある場合には，その確実な習得を図る。つまり，授業改善の焦点は，児童生徒が「能動的」になることにあり，彼らの興味・関心・意欲に基づく思考の深まりを実現する。

　**2) 各学校におけるカリキュラム・マネジメントの推進**　　学校全体としては，児童生徒や学校，地域の実態を適切に把握し，教育内容や時間の配分，必要な人的・物的体制の確保，教育課程の実施状況に基づく改善などを通して，教育活動の質を向上させ，学習の成果の最大化を図ることになった。そのためには，PDCA（計画・実施・評価・改善）のサイクルでカリキュラム・マネジメントを推進することになった。

## 2.　新学習指導要領と「説明力」の関連

　新学習指導要領で育成すべき資質・能力とされた三つの柱のうち，「②理解していること・できることをどう使うか（未知の状況にも対応できる「思考力・判断力・表現力等」の育成）」を一人一人の子供に育てるためには，それ

それの子供が「説明力」を持つことが必要になる。

「説明力」については，すべての教科において必要とされるが，特に国語科では，「説明的な文章」として取り上げ，指導を行うことになった。

## ［1］ 2017（平成29）年7月学習指導要領「国語」における目標と指導内容

　小学校と中学校の国語科の目標を見ると，「言葉による見方・考え方を働かせ，言語活動を通して，国語で正確に理解し適切に表現する資質・能力を次のとおり育成することを目指す」とある。これらの目標は前述のとおり，「育成すべき資質・能力の三つの柱」で構成されている。1つ目は「何を理解しているか，何ができるか（生きて働く「知識・技能」の習得），2つ目は「理解していること・できることをどう使うか（未知の状況にも対応できる「思考力・判断力・表現力等」の育成）」，3つ目は「どのような社会・世界と関わり，よりよい人生を送るか（学びを人生や社会に活かそうとする「学びに向かう力・人間性等」の涵養）」である（図1-1）。以下に，小学校と中学校の三つの資質・能力を示す。

〈小学校〉

　⑴ 日常生活に必要な国語について，その内容を理解し適切に使うことができるようにする。

　⑵ 日常生活における人との関わりの中で伝え合う力を高め，思考力や想像力を養う。

　⑶ 言葉がもつよさを認識するとともに，言語感覚を養い，国語の大切さを自覚し，国語を尊重してその能力の向上を図る態度を養う。

〈中学校〉

　⑴ 社会生活に必要な国語について，その内容を理解し適切に使うことができるようにする。

　⑵ 社会生活における人との関わりの中で伝え合う力を高め，思考力や想像力を養う

　⑶ 言葉がもつ価値を認識するとともに，言語感覚を豊かにし，我が国の言語文化に関わり，国語を尊重してその能力の向上を図る態度を養う。

　指導内容の構成については，「知識及び技能」「思考力，判断力，表現力等」「学びに向かう力，人間性等」となっている。これら「資質・能力の三つの柱」は相互に関連し合い，一体となって働くことが重要とされている。

　たとえば，「知識及び技能」は言葉の特徴や使い方，情報の扱い方，我が国の言語文化，「思考力，判断力，表現力等」は話すこと・聞くこと，書くこと，読むこと，「学びに向かう力，人間性等」の3領域となっている。

## ［2］「説明力」に関わる指導内容

　前項の小学校，中学校の国語の目標を見ると，「説明」に関しては，国語を「内容を理解し適切に使う」「人との関わりの中で伝え合う」が直接関連する。さらに指導内容についてみると，以下の具体的な目標と関連が深い。

　**1）「知識・技能」と説明**　　ここでは，「言葉の特徴や使い方に関する事項」と「情報の扱い方に関する事項」に分かれる。

　① **言葉の特徴や使い方に関する事項**：言葉の働き，話し言葉と書き言葉，漢字，語彙，文や文章，言葉遣い，表現の技法，音読，朗読，が含まれる。

　「話し言葉と書き言葉」は「文字と音声との対応や語の認識，わかりやすく明瞭な話し方など」で，「音声言語による活動の基盤」となる「話し言葉」に関するものと，「書き言葉」のきまりに関する理解と適切な使用が含まれる。これらは国語科だけでなく，各教科等の学習でも重要なものである。これらはいずれも「説明」の要素となる。

　② **情報の扱いに関する事項**：情報の扱い方に関する事項，情報と情報の関係，情報の整理，が含まれる。

　「説明」との関係では，「語や文章に含まれている情報を取り出して整理したり，その関係を捉えたりすることが，話や文章を正確に理解することにつながり，また，自分の持つ情報を整理して，その関係をわかりやすく明確にすることが，話や文章で適切に表現することにつながる」ものである。

　「情報と情報の関係」では，「各領域における「思考力・判断力・表現力等」を育成するうえでは，語や文章に含まれている情報と情報との関係を捉えた理解したり，自分の持つ情報と方法の関係を明確にして話や文章で表現したりす

ることが重要になる」。

　2）**「思考力，判断力，表現力等」と説明**　　ここでは，「話すこと・聞くこと」「書くこと」「読むこと」に分かれる。

　① **話すこと・聞くこと**：「話題の設定，情報の収集，内容の検討」「構成の検討，考えの形成（話すこと）」「表現，共有（話すこと）」「構造と内容の把握，精査・解釈，考えの形成，共有（聞くこと）」「話合いの進め方の検討，考えの形成，共有（聞くこと）」が含まれる。

　事柄の順序（1，2年），理由や事例などを挙げながら，話の中心が明確になるよう（3，4年），事実と感想，意見とを区別すること（5，6年）などにより，話の構成を考えることとしている。

　言語活動例として，話し手がある程度まとまった話をし，それを聞いて，聞き手が感想や意見を述べる活動や，情報を収集したり発信したりするものがある。

　② **書くこと**：ここでは「題材の設定，情報の収集，内容の検討」「構成の検討」「考えの形成，記述」「遂行」「共有」が含まれる。

　「構成の検討」では，事柄の順序に沿って（1，2年），書く内容の中心を明確にし，内容のまとまりで段落をつくったり，段落相互の関係に注意したりして（3，4年），筋道の通った文章にように（5，6年）文章の構成や展開を考える例を示している。

　「考えの形成，記述」では，語と語や文と文との続き方に注意しながら（1，2年），自分の考えとそれを支える理由や事例との関係を明確にして（3，4年），簡単に書いたり詳しく書いたり，事実と意見，意見を区別して，引用したり，図表やグラフなどを用いたりして（5，6年），自分の考えが伝わるように書き表し方を工夫する，としている。

　言語活動例として，主として「説明的な文章」を書くものを例示している。

　③ **読むこと**：ここでは「構造と内容の把握」「精査・解釈」「考えの形成」「共有」が含まれる。

　「構造の内容と把握」の「説明的な文章」では，時間的な順序や事柄の順序などを考えながら，内容の大体を捉える（1，2年），段落相互の関係に着目し

ながら，考えとそれを支える理由や事例との関係などについて，上述をもとに捉える（3，4年），事実と感想，意見などとの関係を叙述をもとに押さえ，文章全体の構成を捉えて要旨を把握する（5，6年）となっている。

　言語活動例としては，事実の仕組みを説明した文章などを読み，分かったことや考えたことを述べる活動（1，2年），記録や報告などの文章を読み，文章の一部を引用して，分かったことや考えたことを説明したり，意見を述べたりする活動（3，4年），説明や解説などの文章を比較するなどして読み，分かったことや考えたことを，話し合ったり文章をまとめたりする活動とされている。


### 教師への提言

　教師は，学習指導要領に基づき授業を行う。したがって，そのことを踏まえ，第2節で述べたように，子どもたち一人一人が事柄を説明する能力，つまり「説明力」を習得するため，「説明」に必要な「知識・技能」に関わる要素を習得するとともに，「思考力，判断力，表現力等」に関わる要素を習得することできるよう子どもたちを支援することが大切である。そのためには，教師もこれらの要素がどのように習得されるかの仕組みを理解し，「説明力」の指導をするさい，本書や［説明の心理学］（山本・比留間，2007など）の知見を踏まえ，「入力」に関わる「読む」，出力に関わる「書く」を中心に，言語活動例を参考に，子どもたちの「思考力，判断力，表現力等」の促進を図る活動ができるよう支援できることが期待されている。


### 読書案内

海保 博之（1993）．説明を授業に生かす先生　図書文化（推薦理由：教師が児童生徒に「わかる」授業を行うために，認知心理学の知見をもとにわかりやすく解説した「説明の心理学」の入門書。「わかる」説明の認知過程を詳述している。）

### 文　献

文部科学省（2016）．次期学習指導要領等に向けたこれまでの審議のまとめ　補足資料
文部科学省（2018）．小学校学習指導要領（平成29年告示）国語編　東洋館出版社
文部科学省（2018）．中学校学習指導要領（平成29年告示）国語編　東洋館出版社
山本 博樹・比留間 太白（2007）．説明の心理学——説明社会への理論・実践的アプローチ——ナカニシヤ出版

# 第2章
# 探究学習を支える説明力

楠見 孝：京都大学

　探究学習とは，⑴自ら問題を発見し，⑵調査・観察・実験などによって情報を収集して事実を明らかにし，⑶事実に基づいて，論理的・批判的思考・判断を行い，⑷導いた結論を表現したり，問題を解決し，検証したりする学習活動である（楠見，2017）。この4ステップにおいて，教師に必要な説明力とは，学習者の探究学習を支援し，深い学びに導く能力である。第1に，学習者の問題発見を支援する説明力，とくに，社会や日常生活での問題と教科で学ぶ知識を結びつけた問いを生み出すような説明力が重要である。第2は，調査・観察・実験などの探究の方法と，探究した事実に基づいて批判的思考を行うスキルを学習者に伝える説明力である。第3は，学習者が結論を論理的に説明したり，問題解決するために必要な方法を，学習者に伝える説明力である。

## 1．新学習指導要領における探究学習

　「総合的学習の時間」における探究学習の取り組みは，小中学校では2002年，高校では2003年からはじまった。探究学習は，新しい学習指導要領（小学校2020年，中学校2021年，高校2022年から実施）では「主体的・対話的で深い学び」（アクティブラーニング）の実現に向けた授業改善の推進のなかで，一層重視されるようになっている。とくに，高校の科目「総合的な学習の時間」は「総合的な探究の時間」になり，新科目「古典探究，地理探究，日本史探究，世界史探究，理数探究基礎，理数探究」が新設された（文部科学省，2018）。

　学習指導要領で示す「総合的な探究の時間」の目標は以下のとおりである。

　　「探究の見方・考え方」を働かせ，横断的・総合的な学習を行うことを

通して，自己の在り方・生き方を考えながら，よりよく課題を発見し解決していくための資質・能力を次のとおり育成することを目指す。

　①　探究の過程において，課題の発見と解決に必要な知識及び技能を身に付け，課題に関わる概念を形成し，探究の意義や価値を理解するようにする。

　②　実社会や実生活と自己との関わりから問いを見いだし，自分で課題を立て，情報を集め，整理・分析して，まとめ・表現することができるようにする。

　③　探究に主体的・協働的に取り組むとともに，互いのよさを生かしながら，新たな価値を創造し，よりよい社会を実現しようとする態度を養う。

　ここで，「探究の見方・考え方」とは「各教科等における見方・考え方を総合的・統合的に活用して，広範で複雑な事象を多様な角度から俯瞰して捉え，実社会や実生活の複雑な文脈や自己の在り方生き方と関連付けて問い続けること」である。

　こうした探究の考え方の土台には，批判的思考がある。批判的思考とは，(a) 論理的で偏りのない思考であり，多面的，客観的に証拠に基づき筋道を立てて考える。(b) 内省的の思考であり，「相手を非難する」よりも自分の思考を意識的に吟味する。(c) 汎用的スキルを支える思考であり，探究学習などの学習や研究，社会に出てからの仕事，日常生活において発揮される（楠見, 2017）。

　一方，探究学習は，海外では，探究基盤型学習（inquiry-based learning），問題基盤型学習（problem- based learning）（Lu et al., 2014），プロジェクトベース学習（project-based learning）（Krajcik & Shin, 2014）として展開してきた。本章では，こうした動向を踏まえて，探究学習に関わる教師の説明力と学習者の批判的思考力の育成を中心に述べる。

## 2．探究学習のステップと批判的思考

### [1] 探究学習のステップを支える批判的思考
**1）問題発見における情報の明確化**　　探究学習の第一のステップは問題発

見である。日常生活や社会の出来事，ニュースなどの報道，他の人の発言，書籍や授業で学んだことなどから，情報を抽出し，問題の存在に気づく段階である。ここでは，批判的思考の第一のステップでもある情報の明確化が重要な役割を果たしている（図2-1）。情報を明確化するには，問いをもちながら能動的に聞く，読む，観察することが重要である。

**2）情報収集における推論の土台の検討**　探究学習においては，信頼できる情報源から情報を集め，それらの情報を評価して，推論に必要な情報を選択することが重要である。実験や調査の結果については，科学的方法に基づいているか（サンプル数は十分か，対照群はあるかなど）を評価する能力である科学リテラシーが関わる（楠見, 2010）。また，マスメディアやインターネットによる情報，書籍，論文，統計などについては，情報源の信頼性（専門家か，利害関係者かなど）を判断する。さらに，情報やデータが，異なる情報源で一致しているか，相違点は何かを比較し整理する。ここでは，メディアを読み解く能力であるメディアリテラシーが重要である（図2-1右下）。

**3）事実に基づく推論による結論導出**　探究学習におけるこの段階では，2）の情報に基づいて，仮説を形成し，データを分析して検証したり，事実を

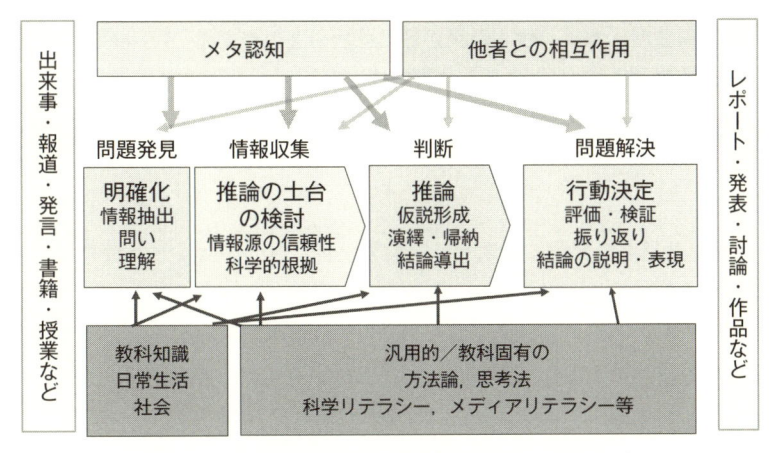

図2-1　探究学習における批判的思考（楠見, 2018を改変）

確認しながら推論の適切さを吟味し，正しい結論を導くことである。とくに，帰納（一般化）判断では，事例から過剰に一般化をしないこと，演繹判断では，前提から結論を導く際に，信念や期待に合致するかではなく，事実に基づいて判断することが大切である。

**4）結論の説明・表現，問題解決と行動決定**　　探究学習における問題を解決する最終段階は，推論によって導いた結論を説明・表現したり，行動決定を行うことである。ここでは，思考の過程や結論を，言語表現（レポート，発表など）によって，相手や目的に応じてわかりやすく説明をする。さらに，結果の評価やフィードバックに基づいて，振り返りや検証を行い，1）−3）の段階に戻って思考を深めたり，新たな問いを見出すこともある。

## [2] 探究学習のステップと教師に必要な説明力

前項 [1] で述べた探究の4ステップにおいて，教師はメタ認知的役割をもつコーチ役である。メタ認知は，学習者の4ステップにおける探究学習の進行をモニターしている（図2−1左上）。教師は，自律的学習が順調にすすむように，学習者がいま知るべきことは何かを考えて，説明をしたり，学習者に問いかけて説明をうながす。ここで，教師は，学習者の探究学習がうまくすすむように，足場かけ（scaffolding）やファシリテーターとしての役割も果たしている。問題基盤型学習における足場かけには次の3つがある（Lu et al., 2014）。(a) 学習を始める前にはプロセスの説明，(b) 遂行中は探究学習の各ステップのポイントに関するコーチング，(c) 明確な言語化による説明を引き出すことである。

**1）問題発見を支援する説明力**　　探究学習においては，学習者の問題発見を支援する教師の説明力が重要である。探究学習で大切かつ難しいことはテーマ設定である。そのために教師は学習者に，探究学習の目的は何であり，探究する問題とはどのようなもので，どのようにすすめていくのかという大まかなプロセスを説明する必要がある。

ここでは，探究学習における問題発見の源として，日常生活・社会生活，教

科知識の3つを結びつけて，学習者なりの問いを生み出すために，教師が学習者に何を説明すべきかを考えてみる（図2-1左下）。

　本やTVなどから知った社会の問題から出発する場合は，「自分にいかに関わるか」という自分の日常生活との関わりを考えることで，自分なりの視点を活かすことができる。これは，新学習指導要領で目標とされている「自己の在り方や生き方と結びつく問題を発見し，解決すること」にも結びつく。さらに，こうした問題が，「教科で学んだ知識といかに結びつくか」を考えることが大切である。そして，得られた知見を社会に役立てるなどの社会参画を考える。一方，教科の学習から出発する場合も，「社会の問題や自分の問題といかに結びつくか」を考える。このように，3つの視点（教科の学び，社会的意義，自分の生活の問題解決）を結びつけることが重要である。このことを，探究学習を始める際に，教師は学習者に具体的事例を挙げて説明することが大切である。

　学習者が自分で問題を発見することは，自身の力で問題を見つけることに加えて，問題と自分自身との関係，社会や日常生活との関係を明確化して，説明できることを意味する。これが学習指導要領で記されている「探究の見方・考え方」の育成につながる。ここでは，学習者のアイディアを大事にして，その理由付けを説明するように働きかけて，思考を広げるようすることが大切である。

**2）探究のプロセスを支援する説明力**　　探究学習のためには，学習者が，情報収集の計画を立てて実行できるように，教師は学習者に説明する必要がある。探究の手法として，計画の立案，文献調査やインタビュー調査，観察・実験，結果の整理の仕方などがある（たとえば，後藤ら，2014）。

　情報収集の計画立案においては，探究のゴールである「何をどこまでどのように明らかにするのか」を決めることになる。そのためには，教師は学習者に，自分の能力や知識の制約，学期や学年内に終えるという時間の制約，利用可能な実験器具や専門的なアドバイスなどのサポートを考慮しなければならないことを説明する必要がある。

　探究学習における教師から学習者への説明は，テーマの設定から文献調査，

実験や観察といったプロセスを支える研究法と思考法について，それぞれのステップで行うことが重要である。理科においては，これまでも実験や観察を行うことによって，知識を習得できるような説明を教師はしてきた。しかし，教科を越えた探究活動のための科学的方法や思考力を習得に結びつく明示的な説明による指導は少なかった。教師が学習者に行うべき説明としては，（a）今まで学んだ知識や経験から仮説を導く仮説演繹法，（b）実験や観察において，系統的に条件操作や観察をしたりする科学的方法，（c）実験や観察，調査の結果を整理して，類似性，パタンや規則を見つける帰納法などがある。

　教師は，学習者が探究活動のプロセスを実行する経過をモニターする。ここでは，学習者が，探究した事実に基づいて，論理的・批判的な思考・判断そして説明ができるように，知識やスキルの獲得のサポートをすることが重要である。もし，想定していない出来事と遭遇した場合には，学習者に，必要な説明をして，学習者が対処できるように目標に導く。たとえば，教科に基づく探究学習において，実験結果が教科書と異なる場合は，なぜそのような結果が出たのかを学習者に多角的に考えさせる。その際に，教師は学習者に，実験や観察における測定誤差や変動性，その他の攪乱要因があることを説明することが必要である。

**3）結論の説明と表現を支援する説明力**　　探究学習の最後の段階においては，学習者が探究によって得た結論を表現したり，社会参画のための意思決定をする方法を，学習者に伝える説明力を持つことが教師にとって必要である。ここでは，学習者が探究学習の成果について，（a）レポートや口頭・ポスター発表の形式で，目的や相手に応じて，論理的にわかりやすく説明すること，（b）言語化された結果の説明をさまざまな観点から熟考し，批判的に評価，検証して，振り返ること，（c）物事や自分自身についての深い気づきを得ることが大切である。そして，さらなる情報や明確化の必要性を認識することが，次の問題発見につながる。

# 3. 批判的思考力を育成する探究学習と教師の説明実践

　児童生徒の批判的思考を育成する探究学習における具体的活動として，ここでは4つを取り上げ，そのための教師の説明実践について検討する（楠見,2018）。

## [1] 批判的読解を通してデータや資料を読むための説明実践

　探究学習において，批判的読解は，実験や観察のデータ，本，新聞記事，論文などが示すデータや論理を，学習者が明確化し，証拠としての確からしさを検討し，推論・問題解決をすることである（図2−1では中段の4つのステップにあたる）。

　たとえば，探究学習において，先行研究となる文献を見つけ，そこで報告されたデータを読む時には，明確化のための問いを出して，自問自答して，自分で説明したり，次項［2］で述べる話し合いが重要である。問いの例としては，研究手法（例：なぜこの実験操作をしたのか），分析法（例：データの別の分析法はないか），データの解釈（例：別の説明はできるか）など，実験や観察が適切に行われているか（図2−1の推論の土台の検討），データが矛盾なく，理由づけされているか（図2−1の推論）を自分に問いかけてその説明を考えながら読む活動が大切である。

　また，論争的テーマについての資料（例：原子力発電所，地球温暖化，消費税）を材料とするときは，対立する説明に着目して，客観的証拠を分析的に読むことが重要である。教科教育では，正解のない論争的テーマは，避ける傾向があった。しかし，探究学習においては，こうした論争的な問題を取り上げ，それぞれの立場からの説明の相違点だけでなく，類似点にも着目して，共通の土台に基づいて議論をすることが大切である。

## [2] 話し合いで考えを深める説明実践

　探究学習において，教師は学習者に，前項［1］の読解や2節［2］で述べた実験・観察に基づいて，説明し討論するような相互作用を支援することが必要

である（図2-1右上）。

　自他の考えをそれぞれが説明し，比較することによって，多面的に考え，自分の考えを振り返ることを促進する。ここで，自分の意見を証拠に基づいて論理的に説明したり，相手の説明に対して，明確化の問いをして能動的に傾聴することは，コミュニケーションのスキル，協同的問題解決をするスキルを育成することになる。

　批判的思考力を高める討論と説明をするには，教師による，議論が深まり広がる問題提起や説明と，学習者の反応を引き出す工夫が必要である。具体的には次の方法が考えられる。(a) 賛成・反対の立場を割り当てることで，ディベート形式で，立論と説明，議論のプロセスを一定の規則に基づいて行う。(b) 討論のリーダーなどの役割を固定せずに毎回順番に役割を割り当て，皆がリーダーや説明の役割を担う経験をもてるようにする。(c) ジグソー法を用いて教材を分割して，教師役と生徒役による説明や質問を交互に行うことなどがある。

### [3] 書くことで思考を深める説明実践

　探究学習において，レポート，ポスターやスライドなどを作成することによって，自分たちがすすめてきた問題を説明し，論理的で分析的な思考と表現力，創造性を育成することは，重要な活動である。レポートなどの作成指導では，2節で述べた4つのステップを踏まえて，経験の振り返りをできるようにしたり，複数の立場に立った論理や主張について熟考し，説明することを方向づけることが大切である。前項［2］の話し合いにおいても，批判的思考に基づく発言や説明は行われるが，その場で終わってしまうこともある。その点で，書くことは，複数の立場に立った論理や主張について考察したうえで，文章の形で論理的に説明するため，振り返りを行いやすい。さらに，レポートは，教師が添削して，フィードバックしたり，学習者に観点や採点規準（ルーブリック）を示したうえで，学習者同士で相互にチェックして良い点や足りない点を話し合うことも有効である。

## ［4］ グループプロジェクト学習において思考を深める説明実践

　探究学習は，2節で述べた問題発見から解決までのプロセスを4-6人くらいの協働作業ですすめるプロジェクト形式のすすめ方がある。ここでは，コミュニケーションスキルに加えて，長期的な場面における協働問題解決や意思決定，創造のスキルを育成することができる。

　多様な他者と協働して学習活動を行うことにはさまざまな意義がある。第一に，学習者は，身に付けた知識や技能（スキル）を使って他者へ説明することにより，知識を整理して構造化することになる。第二に，協働して学習活動をすすめていくためには，自分の持っている情報と自分の考えを説明する必要がある。説明することによって，知識および技能が目的や状況に応じて活用され，生きて働くものとして習得されていく（文部科学省, 2018）

## ［5］ まとめ：探究学習による批判的思考の育成

　本節［1］から［4］で述べた学習者の批判的思考力を育成する学習活動に共通する特徴は，教師による一方向的な講義形式の説明ではなく，学習者による能動的学習への参加（アクティブ・ラーニング）のウエイトが大きいことである。さらに，学習者同士の相互作用を高める説明や討論，グループ活動などに基づく協調的学習を通して，自他の思考を振り返りつつ説明するなかで，思考スキルを働かせることになる。こうした探究学習によって培われたスキルは，科目横断的な汎用的スキルとして，学習者の批判的思考，コラボレーション，コミュニケーションなどのスキル，さらに，それらの背後にある説明のスキルの育成に結びつく。

　教師への提言

　第一は，探究学習のプロセスを支える思考スキル（2節）を，学習者が獲得できるように，教師自身が批判的思考に基づいて説明をする人（クリティカル・シンカー）になることである。

　第二は，学級や学校を批判的思考に基づく説明ができる場にすることである。具体的には，お互いの気持ちや価値観に配慮しつつ，自分の考えを説明して話し合うことが，日常的にできる場にすることが大切である。

　第三は，自分の思考過程と経験を省察し，説明する習慣を身に付けることで

ある。たとえば，授業の後，児童生徒あるいは同僚との話し合いの後で，その経験を振り返り，思考過程を説明するために，仕事日記などの形で，記録を取ることが考えられる。

## 読書案内

林 創・神戸大学附属中等教育学校（編著）(2019). 探究の力を育む課題研究：中等教育における新しい学びの実践　学事出版（推薦理由：探究学習の理論的背景と教育実践の事例が詳細に解説されている。）

楠見 孝・道田 泰司（編）(2015). ワードマップ 批判的思考：21世紀を生きぬくリテラシーの基盤　新曜社（推薦理由：説明実践の土台と考えられる批判的思考の基本用語と，小学校から大学における教育実践や社会への応用について解説している。)

## 文　献

後藤 芳文・伊藤 史織・登本 洋子 (2014). 学びの技　14歳からの探究・論文・プレゼンテーション　玉川大学出版

Krajcik, J. S., & Shin, N. (2014). Project-based learning. In R. K. Sawyer (Ed.), *The Cambridge handbook of the learning sciences* (2nd ed., pp.275-297). New York, NY: Cambridge University Press (ソーヤー, R. K. (著) 大島 純・森 敏昭・秋田 喜代美・白水 始 (監訳) (2016). 学習科学ハンドブック第二版 第2巻 効果的な学びを促進する実践／共に学ぶ 北大路書房)

楠見 孝 (2010). 批判的思考と高次リテラシー　楠見 孝（編）思考と言語　現代の認知心理学 3 (pp.134-160) 北大路書房

楠見 孝 (2017). 探究力と創造性の獲得　藤澤 伸介（編）探究！ 教育心理学の世界 (pp.68-71) 新曜社

楠見 孝 (2018). 批判的思考への認知科学からのアプローチ　認知科学, *25*(4), 461-474.

Lu, J., Bridges, S., & Hmelo-Silver, C. (2014). Problem-based learning. In R. K. Sawyer (Ed.), *The Cambridge handbook of the learning sciences* (2nd ed., pp.298-318). New York, NY: Cambridge University Press (ソーヤー, R. K. (著) 大島 純・森 敏昭・秋田 喜代美・白水 始 (監訳) (2016). 学習科学ハンドブック第二版 第2巻 効果的な学びを促進する実践／共に学ぶ 北大路書房)

文部科学省 (2018). 高等学校学習指導要領（平成30年告示）解説　総合的な探究の時間編　文部科学省

# 第**3**章
# 学び合いを支える説明力

松尾 剛：福岡教育大学

　授業の中では，自分の考えを理由や根拠を明確にしながら主張し合ったり，他者の発言を批判的に聞いて質問や反論をし合ったりするような学び合いの過程が重要となる。自分の考えを振り返って精緻化したり，複数の意見を統合して新しい考え方を生み出したりする契機となり得るからである。そのような対話を実現するために教師に求められるのは，(1)この学級における「授業」とはいかなる営みであるのかを説明すること，(2)十分に言葉にされない子どもの思考を汲み取って全体に説明すること，(3)子どもの発言のつながりを明確化して説明することなどである。説明を通じた教師の足場づくりに支えられて，子どもたちは授業における学び合いのイメージを共有し，その意味や価値を実感し，実践の主体的な担い手として育っていく。このような教師の説明を可能にしているのは，授業の中で生じる子どもたちの多様な反応に柔軟に応じる力である。子どもとのやりとりの中で即興的に立ち現れる教師の説明力という観点から，学び合いを支える説明力について論じる。

## 1．やりとりの質と学びの関係

　主体的・対話的で深い学びを実現するために，多くの授業に児童・生徒が話し合う活動が取り入れられている。もちろん，授業の中で子どもたちに話し合いをする時間と場を与えるだけで学びが促されるというわけではない。重要なことは子どもたちの話し合いの質である。協同による思考や問題解決を促す話し合いの質を理解するための枠組みの一つに，マーサー（Mercer, 1995）による「探求型の話し合い」（exploratory talk）がある。その特徴は，(1)会話の参加者が批判的かつ建設的にお互いの考えに関わり合っていること，(2)話し合いの場に出された意見は全体で検討されること，(3)十分な根拠に基づく反論や代

替案の提示などがなされること，⑷最終的に全員の賛同をともないながら考えが展開していくこと，などである。その他にもバーコヴィッツとギッブス（Berkowitz & Gibbs, 1983）は，他者の論述に揺さぶりをかけたり，他者あるいは自己の考えを認知的に操作したり，変換させたりする「操作的トランザクション」と呼ばれる発話の重要性を指摘している。他者から自分とは異なる考え方が提示されたり，自分の意見に対する反論や質問を受けたりしながら，その違いをしっかりと検討することを通じて，自分の考えを振り返って精緻化したり，複数の考え方を統合してよりよい考えにたどり着こうとしたりするような学び合いの可能性が開かれると言える。

## 2.「授業」とは何かを説明する

### [1] 授業における暗黙の規範

　教室において学び合いを実現するために，そもそも「授業」とはいかなる営みであるのかを子どもに説明することが教師に求められる。子どもたちが「授業とは自分達で学び合うもの」と認識しているとは限らないからである。ミーアン（Mehan, 1979）は IRE 連鎖と呼ばれる教室でのやりとりの典型的なパターンの一つを示した。「1 個120円のりんごを 3 玉買いました。全部でいくらでしょうか」といった教師の発問（Initiation）に対して「360円です」といった子どもの回答（Response）があり，「そうですね」といった教師の評価（Evaluation）が続くというやりとりである。現在ではこのようなやりとりだけで大半が占められる授業は少なくなりつつあるのかもしれないが，それでもIRE 連鎖は依然として授業における典型的なやりとりのパターンの一つに違いないだろう。

　IRE 連鎖は学校でなされるやりとりとしては自然なものに感じられる。しかし，このようなやりとりが学校以外の場面でなされたとするどうだろうか。答えを知っている人が質問をして，さらに，質問をした人が回答を評価するという流れは非常に不自然なものに感じられないだろうか。このような不自然なやりとりが，学校では自然なものとして成立するのはなぜだろうか。その背景には「質問を行うのは教師である」「教師の質問には正しい答が存在している」

「教師は答を知っている」「答の正確さのみが教師に評価される」といった「教師による知識伝達を中心とした授業」という営みを成立させるためのやりとりの仕方についての，暗黙の社会的な規範（グラウンド・ルール）（Edwards & Mercer, 1987）が存在しているという指摘がある。ここでいう規範には，授業とはいかなる営みであり，その実践において誰がどのような責任や権限を持ち，どのような役割を担い，どのように学ぶか，といったことが含まれる。子どもたちにとって授業が学び合いの場となるために，「互いの考えに対して質問や反論を行う」「他者と自分の考えの違いを考え，自分の考えの独自性を大切にする」「他者から反論や質問をされても，納得できるまで自分の立場や疑問にこだわる」「話し合いを通じて自分の意見を構成，変えることを目的とし，話し合いの場に出された考えを公共的なものとみなす」といった規範を教師が学級に共有していくことが求められる。

## [2] 授業の規範を共有する教師の説明

**1）教師が直接的に伝えるメッセージ**　　教師は学び合いを支える授業の規範をどのように子どもたちに説明しているのだろうか。教師は規範を直接的なメッセージとして伝えている場合と，間接的なメッセージとして伝えている場合がある（松尾・丸野, 2009）。直接的なメッセージとして規範を子どもたちに伝える際には，教師がその時々の授業における子どもたちの経験と結びつけながら示していくことが重要となる（松尾・丸野, 2007）。談話例 3-1 は小学校3年生の国語の授業におけるやりとりである。子どもたちが詩を読んで登場人物の虫たちの気持ちを考えている。児童Aは児童Bから自分の考えに対して「違う」と言われる。実際には児童Aと児童Bの発言は対立するものではない。しかし，児童Aは，児童Bと自分の考えがどのような関係にあるのかといったことを十分に考えずに自分の意見を変えてしまおうとしている。それに対して教師は二人の考えをつなげて考えるように促す。そこで別の児童Cが参加して児童Bの考えは児童Aの考えの前提になっていることを示している。このような子どもたちのやりとりを受けて，教師は「人から（違う）と言われたくらいで自分の考えを簡単に変えてはいけない」という授業における思考の規範を子どもたちに伝えている。

談話例3-1　小学校3年生の国語の授業におけるやりとり

---

児童A：5連の，ああどこかからこないかな，のところで，ああ，どこかに迷い込んだのかな，です。

〈中略〉

児童B：えっと，それは違うと思います。僕は，ここは手紙がこないかなと思ってると思います。

教　師：ああ，手紙がこないかな。児童Aどう？

児童A：僕も意見が変わって，B君と同じ意見に

教　師：変えたらいかん，簡単に。君の出てきたものをつなげば，これは別に不思議じゃないんです。

児童A：えっ？

（教師が児童Cを指名する）

児童C：僕は，A君が，たぶん言いたかったのは，

教　師：ああ，いい。たぶん，うん。

児童C：手紙がこないから，ああ，どこかに迷ったのかなって言ってる。

教　師：うん，と聞いたらどうでしょう。これならわかる？　ね。A君，自分に自信持たないかんとよ。人から言われたくらいで簡単に変えたらいかん。

---

　このような教師の説明には，意味や価値を子どもたちに実感させながら規範の内容を伝えていくことができるという利点を見出すことができる。そして，このような関わりを可能にしているのは「授業」や「学ぶ」という営みの意味をつねに省察し，言語化し，明確化しようとする教師の姿勢である。また，目の前の子どもたちの言動を通じて，いま，この学級における「授業」とは子どもたちにとっていかなる営みとして経験されているのかを解釈する教師の目である。このような態度や見方も含めて，子どもたちに「授業」とは何かを伝える教師の説明力だと考えたい。

　**2) 教師が間接的に伝えるメッセージ**　　教師が学習内容の理解を促すために用いる発言は，望ましい規範と学び手の発言とが一致していないことを示す「会話のメタメッセージ（conversational metamessages）」の機能を担い得る（Forman & Larreamendy-Joerns, 1998）。フォーマンらは小学校の6年生が算数の授業において長方形の面積を比較する場面のやりとりを分析した。その内容は以下のようなものである。

　児童が一方の長方形の短い辺が他方の長方形の短い辺よりも長いから，それらは同じ大きさではないと述べる。それに対して教師は，もしも一方の長方形

の短い辺が他方の長方形の短い辺と完全に同じ長さなら，その二つの長方形はまったく同じ形になるということか，と確認をする。このような教師の発言が授業の規範を伝えるメタメッセージとして機能し得るのである。

　論証においては，自分の主張の根拠となる事実，その事実から主張ができるという理由づけ，その理由づけが正当であることの証明，主張が合理的に適用される範囲，などを明確に示すことが重要である（Toulmin, 1958）。また，単にそのような論証の構造が整っているかというだけでなく，各教科の領域にはどのような考え方を異なる，洗練された，効率的な，受け入れ可能な解法とみなすかといったことについての規範（たとえば，数学領域では社会数学的規範（socio mathematical norms; Yackel & Cobb, 1996など））が存在するという指摘もある。このような観点から考えると，短い辺同士が同じであるという事実のみに基づいてなされた児童の論証は数学的に洗練されたものだとは言い難い。そこで教師が行った確認の発話は，長方形の面積を比較するという問題の理解を促すための関わりであると同時に，数学的な論証に求められる厳密さを子どもたちに考えさせるメッセージとしても機能していたと考えられる。このような教師の日常的な関わりは子どもたちに授業のさまざまな規範を間接的に伝える。ということは，教師の想いとは異なる規範を子どもたちに伝えてしまう可能性もあるということである。子どもたちがいろいろな考えを発表しても，教師の解釈に合致する子どもの発言だけで授業をまとめてしまうならば，それは「教師の考える正解を述べることが大切」「自分の考えを述べることには意味がない」といった規範を子どもたちに伝えてしまっているかもしれない。このような間接的なメッセージは，半ば子どもたちを強制的に従わせることで伝えられるものであるため，非常に強力なものである。だからこそ，教師がより自覚的になる必要がある側面だと言える。

## 3．学び合いの「足場づくり」としての説明

### [1] 学び合いの足場をつくる教師の関わり

　「授業」を「学び合い」の営みとして学級に根づかせていくためには，規範の内容や意味を教師が伝えるだけでは不十分であろう。主体的に学び合うとい

うことは，他者と学び合うことの価値を実感して，そのような学びの実践者としてのアイデンティティを構築するということである。そのためには，他の人と一緒に考えることで，わかった，おもしろい，みんなと考えてよかった，と感じることが不可欠であると考える。そのような経験が教師の説明と結びついたときに，はじめて教師が示しているさまざまな授業の規範が子どもたちに受け入れられるのではないだろうか。そこで教師に求められるのが，子どもたちのやりとりを整理し，方向づけることで，学び合いへと展開させていく足場づくり（scaffolding; Wood et al., 1976）としての説明力である。ここではとくにリヴォイシング（revoicing; O'Connor & Michaels, 1996）と呼ばれる教師の関わりに注目する。リヴォイシングとは，子どもの発言を言い換えて確認する教師の発話である。リヴォイシングを通じて教師は子どもの思考過程を説明し，授業に潜在している対話を説明する。そのことが授業において学び合いが生じるきっかけになっている。

　談話例3－2は，小学校2年生の国語の授業におけるやりとりである。「お手紙」（アーノルド＝ローベル作）という教材を読んで，登場人物のがまくんがお手紙をもらって「ああ」と言う部分の音読の仕方を考えている。

　この場面で教師は自分の考えを解説するのではなく，子ども同士のやりとり

談話例3－2　小学校2年生の国語の授業におけるやりとり

---

児童Ａ：あの，ため息，1の場面のDちゃんが言ったように，ため息をつけるように，あの，言った，言ったらいいと思います。

教　師：ため息をつくようなね。あの1の場面の時？

児童Ｂ：質問があります。

教　師：はい，Bさん。

児童Ｂ：この前は，「ああ」って一度も，1の場面の時に，そこは悲しい場面だったから，息を吐くようにってDちゃんは言ったけど，今は嬉しくて，お手紙をもらって，あの，書いたんだよって，僕がお手紙出したんだものって聞いて，うれしい気持ちだから。この前，出したのは，悲しい，一度ももらったことないけど，今は，ため息はあんまりつかないんじゃないですか？

児童Ａ：うーんと……ため息をつくように，明るく元気に読んだらいいと思います。

教　師：Aくんはじゃあ，ため息は……

児童Ｃ：悲しいため息の方じゃない。

教　師：ああ……のほうじゃなくって，うれしいって気持ちを伝えたいのかな？

（児童Ａがうなずく）

教　師：だそうです。

---

を整理する役割を積極的に担っている。そのような教師の関わりに支えられながら，子どもたちは質問や反論を述べ，それに応じるなかで自分の説明を精緻化している。教師に媒介されながら探求型の話し合いと同様のやりとりが生じていることがわかる。この場面で見られた教師の関わりのなかでは「ため息をつくようなね。あの１の場面の時？」や「ああ……のほうじゃなくって，うれしいって気持ちを伝えたいのかな？」といった発言がリヴォイシングに該当する。

## [2] 子どもの思考を説明する

　リヴォイシングの機能の一つが再形式化である。再形式化とは児童の発言に内容を付け足したり，削除したり，異なる語彙を用いて言い換えたりすることで，目的とする学習内容と関連づけながら児童の発言を明確化，強調する機能である。「ため息をつくようなね。あの１の場面の時？」という教師の発言は，児童Ａの発言を簡潔に言い換えているだけでなく，その児童が１の場面の文章を根拠として考えているという点を強調している。IRE連鎖のように児童の発言を教師が評価するのではなく，このように子どもたちに確認することで，発言した子どもは自分の考えが他者にどのように聞かれているのかということを知り，うまく伝わっていなければ修正したり，詳しく述べなおしたりする，といった機会が生まれる。また，リヴォイシングは発言した子どもへの確認であると同時に，学級全体に子どもの発言を広げる行為でもある。文章中の表現をもとに考えるということは，国語の論証において重要な考え方の一つであろう。教師が「１の場面の時」という点を全体に強調することで，他の児童も１の場面に目を向け，教材の文章を根拠としながら反論をしている。そして，この反論を受けて児童Ａが自分の考えをさらに詳しく述べ直し，ため息には悲しいときにつくものと，うれしいときにつくものがあって，自分の考えは後者であるという意見を述べることにつながっている。このように，教師はリヴォイシングを通じて児童Ａの発言の重要な点を強調することで，文章を根拠としながら子ども同士が学び合うきっかけをつくっている。子どもが明確に言葉にできていない思考の過程を教師が汲み取りながら学級全体に向けて説明することが，教材と結びついた学び合いの成立を支えているのである。

## [3] 発言相互の関係を説明する

　リヴォイシングの第二の機能が参加者枠組み（participant frameworks; Goodwin, 1990）の共同構成である。参加者枠組みとは，話し合いに参加しているそれぞれの学習者が担っている立場や役割，またそれに応じた権利や義務のことを指す。上記の例では，教師が「ああ……のほうじゃなくって，うれしいって気持ちを伝えたいのかな？」とリヴォイシングすることで，児童Aの考えを明確化するとともに，悲しい気持ちではなくて，うれしい気持ちだと考えている，つまり児童Bと同じ立場であるという位置づけを明確にしている。探求型の話し合いのポイントは「会話の参加者が批判的で，しかし建設的にお互いの考えに関わり合う」ということであった。だが，この例のように，実際には考えが対立するものではないにもかかわらず，子どもたちがその関係性を正しく把握できずに対立しているかのようなやりとりがなされて話し合いが混乱してしまうこともある。逆に，意見が対立しているにもかかわらず，子どもたちがそのことに気づかないことで，それ以上に話し合いが発展しないで終わってしまうこともある。このような，子どもたちにはいまだ明らかになっていない，潜在的な対話を子どもたちに明示していく，そういった点も学び合いを支える教師の説明力の重要な一側面だと言えるだろう。

### 教師への提言

　秋田（1996）は「授業は＿＿＿＿のようだ。なぜなら＿＿＿＿だからだ。」といった課題を用いて，大学生や現職教員が授業に対して抱いているイメージを調査した。あなたならこの課題にどのように答えるだろうか。また，あなたの学級の子どもたちはどのように答えるだろうか。本章でも触れたが，教師の発話はもちろん，その他にも板書やテスト問題など，あらゆる教師の関わりが「授業」とは何かということを学級に伝えるメッセージになり得る。では，子どもたちの行為は「授業」についてのメッセージを発していないのだろうか。おそらくそうではないだろう。自分の考えをもっていてもそれを頑なに授業の中で発言しない子どもたちがいる。そこには，この学級の授業では正解以外の考えには価値がないのだ，という子どもからのメッセージがあるかもしれない。もしくは，自分の発言をしないということによって，ある種の授業への参加を拒んでいるということなのかもしれない。授業をするということは，その学級における「授業」「教える」「学ぶ」といった営みの意味を子どもたちと交

渉し，構成し続けていく営みに他ならない。授業がもつ社会文化的な実践とし
ての側面に敏感であることが，本章で述べた説明力の基盤となっているのでは
ないだろうか。

## 読書案内
石黒 広昭（2016）. 子どもたちは教室で何を学ぶのか：教育実践論から学習実践論へ 東京大学
　　出版会（推薦理由：教室という「学ぶこと」「教えること」を実践する場において，子ども
　　たちや教師は何をどのように経験しているのか，ということを心理学の立場から豊かに記述
　　した一冊である。）

## 文　献
秋田 喜代美（1996）. 教える経験に伴う授業イメージの変容　教育心理学研究, *44*, 176-186.

Berkowitz, M., & Gibbs, J. (1983). Measuring the developmental features of moral discussion. *Merrill-Palmer Quarterly, 29*, 399-410.

Edwards, D., & Mercer, N. (1987). *Common knowledge*. London, UK: Methuen.

Forman, E. A., & Larreamendy-Joerns, J. (1998). Making explicit the implicit: Classroom explanations and conversational implicatures. *Mind, Culture, and Activity, 5*, 105-113.

Goodwin, M. H. (1990). He-said-she-said: Talk as social organization among black children. Bloomington, IN: Indiana University Press.

松尾 剛・丸野 俊一（2007）. 子どもが主体的に考え，学び合う授業を熟練教師はいかに実現し
　　ているか 教育心理学研究, *55*(1), 93-105.

松尾 剛・丸野 俊一（2009）. 学び合う授業を支える談話ルールをいかに共有するか　心理学評
　　論, *52*(2), 245-264.

Mehan, H. (1979). *Learning lessons*. Cambridge, MA: Harvard University Press.

Mercer, N. (1995). *The guided construction of knowledge: Talk amongst teachers and learners*. Clevedon, UK: Multilingual Matters.

O'Connor, M.C., & Michaels, S. (1996). Shifting participant frameworks: Orchestrating thinking practices in group discussion. In D. Hicks (Ed.), *Discourse, learning, and schooling* (pp.63 -103). Cambridge, UK: Cambridge University Press.

Toulmin, S. E. (1958). *The use of argument*. New York, NY: Cambridge University Press.

Wood, D., Bruner, J. S., & Ross, G. (1976). The role of tutoring in problem solving. *Journal of Child Psychology and Psychiatry, 17*, 89-100.

Yackel, E., & Cobb, P. (1996). Sociomathematical norms, argumentation, and autonomy in mathematics. *Journal for Research in Mathematics Education, 27*, 458-477.

# 第4章

# 教師の教授方略と子どもの説明活動

高垣マユミ：津田塾大学

　青色発光ダイオードの発明，オートファジーの仕組みの解明，タンパク質PD-1の発見などの先進的研究が世界を席巻し，「科学のための科学」から「人類・社会・世界のための科学」への教育を推進していくことがわが国の今日的課題となっている。しかし一方で，学校教育場面の多くは，当該の知識や概念が生成されたコンテキストからも，それらが実社会で利用されるコンテキストからも切り離されている。生徒たちにとってはリアリティが欠如し，実社会に遍在する諸問題を解決する説明活動が疎かになりがちである。こうした現状を解決するために効果的な教授方略を考えるうえで，本章は重要な観点を提供することができるであろう。本章では，「GIsML」「相互教授」「TARGET」という，教授方略を組み込んだ思考のガイダンスを行うことで，子どもの説明活動の一定の効果を上げる「教授方略」の理論的意義を論じる。そのうえで，平成30年度に公示された「新学習指導要領」の重要なトピックに注目しながら，とくに科学教育の領域に焦点を当てて，学校教育場面に直接的な示唆を与え得る実証的研究を提示したい。

## 1．「GIsML」の教授方略により引き出された子どもの説明活動

### [1] 協同で能動的に学習に取り組む教授デザインの条件

　21世紀の社会は「知識基盤社会」であり，新しい知識・情報・技術が，社会のあらゆる領域での活動の基盤として重要度を増し，情報化やグローバル化といった変化が人間の予測を超えて加速度的に進展している。わが国では，平成30年に新学習指導要領が公示されたが，今回の改訂では，知識基盤社会を見据えて，「予測困難な課題に対して受け身ではなく主体的に取り組む授業」を構

築することが目指されている（清原, 2018）。

　すでに欧米では，知識基盤社会を見据えた授業が議論されており，予測困難な課題に「協同で能動的に学習に取り組む複合的リテラシー」の教授デザインが具体的に提示されている。「GIsML（Guided Inquiry supporting Multiple Literacies）」（Palincsar et al., 2000）では，以下の①〜④のプロセスを提示している。①探究：新しい課題や現象に直面したとき，小グループにおいて何度も実験・観察の経験を繰り返して慣れ親しみ，課題や現象に対する理解を深めたうえで，予測を生成する。②調査：小グループにおいて，予測を検証するために必要な器具・用具が集められ，実験・観察のデータが収集，記録される。③説明：課題や現象に対する調査結果を小グループで議論し，互いの多様な考えを取り入れながら，理論を構築する。④報告：小グループで得られたデータやアイディアや，クラス全体の公の議論の場で用られる「理論チャート」は，小グループにおいて協同で構築した「毎時間の実験や観察の予測・結果・考えの修正過程」などを，1つの単元を通した実験履歴として記録し続けた成果物である。文書・描画・グラフ・表・モデルなどの多様な方法を用いて記録され，クラス全体の場で説明され理論を再構築する。

### ［2］課題の難易度に応じた説明活動の形成過程

　高垣ら（2006）は，わが国において GIsML の教授デザインを枠組みとして，小学5年生30名を対象に「振り子の概念学習」の単元において（延べ8時間），「予測困難な課題に能動的に取り組む」実践授業を行った。そして「理解の困難な課題」ごとに，いかなる説明活動が生成されたかを，「カテゴリーリスト（Chinn & Brewer, 1993）」（Brewer et al., 2000）を再構成して分析を行った（表4−1）。その結果，以下に示すような「異なる困難度のもとでの説明活動の生成プロセス」が明らかにされた。

　**1）「理解の困難度が低い課題」（ひもの長さ）の場合**　　1時間目は，ターザンロープにぶら下がるという体感を通して振り子の規則性を意識化させたプロセスにおいて，「先行概念」の説明活動がさかんに行われていた。ターザンロープの振り子運動（ひもの長さを長くすると周期は長くなる）を，先行概念

と関連づけ，個人がすでにもっている信念や経験の範囲内で理解可能しようと
していた。

表4-1　説明活動の分類カテゴリと発話事例

| カテゴリ | 内　　容 | 発話事例 |
|---|---|---|
| (a) 情報の信頼性 | 情報の信頼性に言及する発話（教科書，先生の言ったこと等） | 先生の実験を見てたら，ふれはばの大きさ変えても［周期が］変わらなかったから，すごく納得した。 |
| (b) 直接体験・観察 | 今ここの場で自分たちが直接体験・観察することによって発見したことにのみ言及する発話 | （ロープにぶら下がり）うおー，速くなったー。短くしてのった方が，だんぜん［周期が］速い。〈直接体験〉［振れ幅が］20°のときの方が，［振り子の］動きが速かった。〈直接観察〉 |
| (c) 反復性 | 実験・観察結果の反復性についての発話 | 10g，15gって，おもりをどんどん重くしてみて，何回も測ったけど…。［周期は］ほとんど変わらなかった。 |
| (d) 社会的参照 | 自分達と他の児童の実験・観察結果を比べ，一致したかどうかに言及する発話 | ふれはばの大きさ［の実験結果］は，うちの班は自信がなかったけど。他の班と同じだったから，正しいことが確かめらた。 |
| (e) 情報の複合性 | データ等が様々な側面から検討されたものかどうかに言及する発話 | 今度は，［5gと10gのおもりをつけた］2つの振り子を同時にならべて測ってみたら，比べられるんじゃない？［直接比較できる］ |
| (f) 予測精度 | 現象が正確に予測できるかどうかについての発話 | 10°，20°…っていって，周期は変わらなかったんだから，30°も変わらないと思う。だから，計算するまでもないよ。 |
| (g) 数学的関係 | 児童がデータ等に数学的な関連性を見出したことを示す発話 | 2倍，3倍におもりを増やしても，［周期は］1.09秒，1.09秒になったから，比例しないで，変化しないことが分かった。 |
| (h) 先行概念 | 今行っている実験・観察に関係する先行体験や先行概念，少し以前に行った観察結果などについて言及する発話 | X公園のターザンロープもそうだったけど，やっぱり，ロープ短くすると，［周期が］速くなる。 |

注）発話事例の［　］内は，分析者による補足を示す。

**2)「理解の困難度が中程度の課題」（おもりの重さ）の場合**　　4時間目では納得がいくまでおもりの重さを変えて何度も観察・実験を繰り返し，データ間の整合性を吟味するという「反復性」の説明活動がさかんに行われていた。同時に，振り子の物理現象を，いったん数の領域へマッピングし，数の領域で微小な数値の変化の「規則性」を探索したうえで，再び物理現象に立ち返る，という「数学的関係」による説明活動がさかんに行われていた。

**3)「理解の困難度が高い課題」（振れ幅の大きさ）の場合**　　7時間目では，振れ幅のシミュレーションを繰り返す過程で，「予測精度」に言及する説明活動がさかんに行われていた。〈予測→データ→理論〉→〈予測→データ→理論〉……と，何度も予測に立ち返り，予測精度を上げて「理論を解釈し直す」というシミュレーションを繰り返す説明活動は，重要な科学的概念「振り子の速さは一定ではない」に目を向ける契機を与え，先行概念「振り子の速さは一定である」の変化に重要なはたらきをもった。

**4)「クラス全体の討論過程」**　　8時間目の「クラス全体の討論」で理論を再構築する場を設定し，「理論チャート（theory chart）」を用い，蓄積した1時間から7時間の小集団における毎時間の実験履歴をレビューすることで，それまでの予測，結果，8時間に至るまでの考えの修正過程などを可視化させ，大多数のグループが提示したデータを参照するという，「社会的参照」の説明活動が能動的に行われていた。さらに，個別的に発せられた独自の理論を「明確化」したうえで，複数の声を統合して多様な解釈の可能性を含む考え方へと「再定式化」する，という教師の情報を信頼する「情報の信頼性」の説明活動がさかんに行われていた。

　以上より，本研究では，知識基盤社会を見据えたGIsMLの学習形態のもとで，「各課題の困難度に応じて重要な役割を担う説明活動」を明らかにした。このようなことをつぶさに検証することで，単にどのような相互作用が生じている議論が学習を促進するかの示唆に留まらず，実際の授業において教師がいかなる課題の困難度においてどのような説明活動を促せば理解が促進されるのかという極めて実践的な知見が提言されたと言えよう。

# 2. 「相互教授」の教授方略により引き出された子どもの説明活動

## [1] 相互教授と概念変容を組み入れた教授デザインの条件

　今回の新学習指導要領の改訂は，わが国の学力の現状・近年の学問的な進展・世界的な潮流などを踏まえて検討がすすめられ，質の高い授業改善を行う視点の一つに，「主体的・対話的で深い学び」が示された。「主体的な学び」とは学び方を自分で調整する学びであり，「対話的な学び」とは考えを広げ深める学びであり，「深い学び」とは学んだことを活用して探求する学びである（淵上, 2019）。

　「主体的・対話的で深い学び」という視点を組み入れた授業の実践例として，「相互教授（Herrenkohl & Guerra, 1998; Herrenkohl et al., 1999）」，および「概念変容モデル（Hashweh, 1988）」を組み合わせた教授デザインが，高垣・田原（2006）により考案され，小学校4年生の30名を対象に理科単元「電池のはたらき（延べ10時間）」において，「主体的・対話的で深い学び」を促進する実証的授業が行われている。

　**1) 相互教授の教授デザイン**　　以下の3つの教授方略に沿って議論はすすめられた。①予想と理論化：理論を構築するためには，まず予想を立てることから始め，次に実験・観察の経験と，そのデータに基づく科学的な議論を繰り返すことが必要である。②発見の要約：メンバー相互の発見の観点や主張の矛盾点を論破し合い，自分よりもっともらしい考えが存在することを見出すなかで，自分の考えの限界に気づく。③証拠と予想・理論の調整：新しい理論は，現存および新しいデータのフィードバックから生成される。証拠と理論を調整するためには，結果の集積を描画化，図式化して再検討すると効果的である。

　**2) 概念変容の教授デザイン**　　「既有の概念」では，「供給源－消費者原理：物は供給源から消費者へと流れ，消費されてなくなるという非保存原理」を，単純回路を流れる電流に適用してしまう。そこで，「概念変容モデル；『既

有の概念』と『科学的概念』の両者の間に生起する認知的葛藤を解消することで概念が変容する」（Hashweh, 1988）という教授方略が導入された。

### [2] 議論の深まりに応じた説明活動の形成過程

**1) 相互教授のもとでの発話のカテゴリー分析**　相互作用の中で何が原因となって学習者の認知や概念に変化が生じるのか，その手がかりとなる，「TD（Transactive Discussion; Berkowitz & Gibbs, 1983）」の分析を採用し（表4-2），「TD の各カテゴリーの出現度数が，議論過程によって異なるのかどうか」を分析した結果，導入期では，「フィードバックの要請」・「正当化の要請」・「主張」が，展開期では「主張」・「矛盾」・「比較的批判」が，終末期では「主張」・「統合」が多く生成されていた。また，「教授方略（予想と理論化，発見の要約，証拠と予想・理論の調整）の使用頻度が，議論過程によって異なるのかどうか」を検討した結果，導入期では「予想と理論化」，展開期では「発見の要約」，終末期では「証拠と予想・理論の調整」が多く使用されていた。

表4-2　カテゴリーの分類基準

|  | カテゴリー | 分類基準 |
|---|---|---|
| 表象的トランザクション | 1-(a) 課題の提示 | 話し合いのテーマや論点を提示する。 |
|  | 1-(b) フィードバックの要請 | 提示された課題や発話内容に対して，コメントを求める。 |
|  | 1-(c) 正当化の要請 | 主張内容に対して，正当化する理由を求める。 |
|  | 1-(d) 主張 | 自分の意見や解釈を提示する。 |
|  | 1-(e) 言い換え | 自己の主張や他者の主張と，同じ内容を繰り返して述べる。 |
| 操作的トランザクション | 2-(a) 拡張 | 自己の主張や他者の主張に，別の内容をつけ加えて述べる。 |
|  | 2-(b) 矛盾 | 他者の主張の矛盾点を，根拠を明らかかにしながら指摘する。 |
|  | 2-(c) 比較的批判 | 自己の主張が他者の示した主張と相容れない理由を述べながら，反論する。 |
|  | 2-(d) 精緻化 | 自己の主張や他者の主張に，新たな根拠をつけ加えて説明し直す。 |
|  | 2-(e) 統合 | 自己の主張や他者の主張を理解し，共通基盤の観点から説明し直す。 |

### 2) 相互教授のもとでの議論展開に応じた説明活動のプロセス

① **導入期** 「予想と理論化」の教授方略が頻繁に使用され，議論の過程で「フィードバックの要請」「正当化の要請」の説明活動が多く生成された。①課題の状況・条件について探索する（例：電池ひっくり返したら，プロペラの回転はどうなったっけ？），②自己や他者の理解状態を分析する（例：なんで，そう予想するのか教えて？）という思考活動がもたらされていた。

② **展開期** 「発見の要約・明確化」の教授方略が高い頻度で使用され，議論の過程で「矛盾」「比較的批判」の説明活動が多く生成された。①他者が示す新たな考え方と自己の考え方との差異が明確化される，②他者というフィルターを介して自己の概念の範囲の限界に気づき，認知的葛藤が生成される，という思考が機能することが示唆された。

③ **終末期** 最も洗練された方略である「証拠と予想・理論の調整」が頻繁に用いられ，議論の過程で，「統合」の説明活動が多く生成された。①「供給源—消費者原理」という既有の概念を回路内の「電流」に適用するのではなく，②単純電気回路においては「何が供給源で，どのようなルートで何が消費されるのか」すなわち「物理量間の因果関係」を統合的に解釈しようとする説明活動が行われていた。

高垣・田原（2006）の研究は，新学習指導要領の目指す「主体的・対話的で深い学び」と軌を一にするものであり，相互教授と概念変容を組み入れた教授方略を用いて，議論展開の「３位相（導入期，展開期，終末期）」で見出される説明活動のプロセス，および思考方法や概念の諸側面の変化と，それらの背後に深く関与している要因を明らかにしており，授業研究への示唆に富むものである。

# 3. 「TARGET」の教授方略により引き出された子どもの説明活動

## [1] 協同学習の動機づけを高める教授デザインの条件

今回の新学習指導要領の改訂では，「理数科」という新教科が新設された（文部科学省, 2018）。「理数科」では，生徒が自身の興味・関心に基づき，多角

的，複合的に事象を捉えて数学や理科などに関する課題を広く設定し，探求をすすめるなかでのアイディアの創発，挑戦をより重視することが目指されている。

「動機づけを高め，アイディアの創発，挑戦を促進する」ために，従来の教育心理学の実践研究では，「課題」「グルーピング」「評価」などの次元が，各々個別的に配慮されてきた。たとえば，「課題」（例；橋渡し方略：対話を通して，既存の知識と獲得すべき課題を橋渡しする（Clement, 2008），「グルーピング」（例：参加者の構造：グループの参加者全員に役割を付与し，責任を持たせる（Herrenkohl et al., 1999），「評価」（例：相互教授：質問し合い，意味を明確化し合い，相互にフィードバックを受けながら学習をすすめる（Palincsar et al., 2000）などが挙げられる。

これらの先行研究に対し，「TARGET構造」（Maehr & Midgley, 1991）の理論的枠組みは，協同学習における動機づけに関する「課題」「グルーピング」「評価」などの次元を，認知的・情意的・社会的要因として捉え，統合的に構造化されている点が優れている。「TARGET構造」の理論的枠組みをわが国の実証的な授業に適用した研究として，高垣ら（2009）は，小学校6年生の40名を対象に「もののかさと温度（延べ10時間）」を取り上げ，4つの下位次元を採用して，「動機づけを高め，アイディアの創発，挑戦を促進する」実践授業を行っている。

　①課題（task）：学習の楽しさを実感する。既有知識や経験と結びつける。すべての学習者が挑戦する。

　②権限（authority）：責任や自立，学習スキルを開発する。学習場面において最適な選択をする。学習に対する自己制御スキルを身に付ける。

　③グルーピング（grouping）：グループによる問題解決・意思決定をし，仲間との相互作用を十分に行う。自分には貢献する能力があると認識する。

　④評価（evaluation）：自分の遂行を改善する。理解の進歩を自覚し，有能観と自己効力感を認識する）。

## ［2］動機づけの促進に応じた説明活動の形成過程

### 1）協同学習の説明活動における学習観の変化　　高垣ら（2009）の研究の

意義は，動機づけの促進に応じた説明活動の「学習観・メタ認知的学習方略」という多様な側面を検討した点にある。実践授業の事前・事後の質問紙の尺度得点を比較した結果，学習観の「科学的手続きの重視」の有意な上昇が示された。そこで，用いた教授方略のどのような要因が影響を及ぼしているのかを説明活動の過程の文脈に即して検討する。導入した「課題」の教授方略では，学習の楽しさを強調し，既有経験と結びつける課題を提示した（例：ビーカーに入っている水溶液（水溶液の実態は知らされない）の中には何が入っているのかを，既有経験に基づいて探究させる）。その結果，これまでに経験した実験の手続きに基づきながら，においをかいでみたり，触ってみたり，なめてみたりするなどの探索活動に自発的に取り組んでいた。加えて，「権限」の教授方略によって，最適な選択や決定を自らが行うようにさせ，学習スキルを身に付けさせる機会を提供した。その結果，逐次，自発的に実験結果をノートや観察カードへ記録して確認し合ったり，実験結果から見出された現象を，自らの仮説と関連づける説明活動が見出され，「科学的手続きに則った実験・学習活動（Driver et al., 1996）」を自発的に行っている様子が見出された。

**2）協同学習の説明活動におけるメタ認知の変化**　　実践授業の事前・事後の質問紙の尺度得点の比較から，メタ認知的学習方略の「プランニング」の有意な上昇も示された。導入した「グルーピング」の教授方略では，グループによる問題解決・意思決定を行わせ，相互の独自なアイディアを認め合う相互作用が生じ得る機会を提供した。具体的には，塩酸に溶けた金属の性質が，元の性質から変化するのか否かを調べるための実験方法を，グループで自由に考えさせた。その結果，蒸発乾固して出てきたものに対して，電気を通したり，磁石を近づけたり，水に溶かしたりしてその性質を調べる，というように，多様なアイディアを出し合いながら実験計画を立案し，グループでの活動を通してプランニングが行われる様子が確認された。加えて，「評価」の教授方略を導入して，自分たちが設定した目標への進歩を評価させたり，自分たちの遂行を改善させたりする機会を与えた。その結果，計画した実験の手順を相互に理解し合っているかどうかを確かめながら実験を進めようとしたり，計画を参照して実験結果を見直すといったプランニングに基づくモニタリングが確認され

た。また，計画と照らし合わせて次の活動を考えることで，計画をやり直すというモニタリングを基にしたプランニングの説明が見られた。自分たちの学習についての評価を行うことは，メタ認知能力を高めるといわれている（例：米国学術会議，2002; Palincsar & Brown, 1984）。

　以上の結果より，新学習指導要領の新教科が目指す「動機づけを高め，アイディアの創発，挑戦を促進する」を構成する「TARGET構造」を導入した説明活動においては，「課題」および「権限」の教授方略により，学習観の「科学的手続きの重視」が高められ，「グルーピング」および「評価」の教授方略により，メタ認知的学習方略の「プランニング」が高められるという，連続的な説明活動のプロセスが見出された。今後も，説明活動の現実的な営みをつぶさに解明していく研究を手がけていくことが望まれる。


### 教師への提言

　本章では，科学教育の領域に焦点を当てて，平成30年に公示された新学習指導要領の重要なトピックである「知識基盤社会を見据えた授業」，「主体的・対話的で深い学びの授業」，「興味・関心に基づき主体的・挑戦的に探求する授業」の各々に対応すべく，「GIsML」，「相互教授」，「TARGET」という教授方略を組み込んだ授業が，説明活動に一定の効果を上げた実践事例を具体的に提示した。

　かつて科学者のミラー（Millar, 1996）は，「誰のための科学教育か」を議論し，学校で行われる科学教育には，2つの目的があると記述した。1つは，将来の科学的開発に携わる創造性・独創性に富んだ人材の育成であり，もう1つは，科学技術を理解し発展を支える豊かな科学的リテラシーを備えた国民の育成である。わが国では，国際的に見て子どもの学力は高いものの，成人の科学的教養や科学への関心は最低レベルに近いことが危惧されている。言わば本章ではこのアンバランスに斬り込んで，生涯にわたって科学への関心を持続させ，科学リテラシーを獲得させるために必要な「教授デザインとその説明活動」を，研究上の知見を生み出しつつ，実証性を高めて検討したとも言える。本章における実践事例が，知識基盤社会における授業改善の一翼を担えば幸いである。

## 読書案内

高垣 マユミ（編著）（2005）．授業デザインの最前線——理論と実践をつなぐ知のコラボレーション—— 北大路書房（推薦理由：教育心理学者と教科教育学者のコラボレーションを通して，実際の授業場面に生かす理論や方法を分かりやすく説明している。また，本章で取り上げた理論や実践研究を展望している。）

高垣 マユミ（編著）（2010）．授業デザインの最前線——理論と実践を創造する知のプロセス—— 北大路書房（推薦理由：教授法・動機づけ・メタ認知・学習方略・協調学習・議論活動・授業分析・教育評価・カウンセリングなど，授業実践に関する多様な側面を体系的に考究している。また，本章で取り上げた理論および研究についての実践的含意を提示している。）

## 文　献

米国学術会議　森 敏昭・秋田 喜代美・21世紀の認知心理学を創る会（訳）（2002）．授業を変える——認知心理学のさらなる挑戦　北大路書房（National Research Council（2000）. *How people learn: Brain, mind, experience and school.* Washington, DC: The National Academy Press.）

Berkowitz, M. W., & Gibbs, J. C.（1983）. Measuring the developmental features of moral discussion. *Merril-Palmer Quarterly, 29*, 399-410.

Brewer, W. F., Chinn, C. A., & Samarapungavan, A.（2000）. Explanation in scientists and children. In F. C. Keil & R. A. Wilson（Eds.）, *Explanation and cognition*（pp.279-298）. Cambridge MA: MIT Press.

Chinn, C. A., & Brewer, W. F.（1993）. The role of anomalous data in knowledge acquisition: A theoretical framework and implications for science instruction. *Review of Educational Research, 63*, 1-49.

Clement, J.（2008）. The role of explanatory models in teaching for conceptual change. In S. Vosniadou（Ed.）, *International handbook of research on conceptual change*（pp.479-506）. New York, NY: Routledge.

Driver, R., Leach, J., Millar, R., & Scott, P.（1996）. *Young people's images of science.* Buckingham, UK: Open University Press.

淵上 孝（2019）．新学習指導要領は教科教育学の発展にどのように寄与できるのか　日本教科教育学会誌, *41*, 53-55.

Hashweh, M. Z.（1988）. Descriptive studies of students' conceptions in science. *Journal of Reserch in Science Teaching, 25*, 121-134.

Herrenkohl, L. R., & Guerra, M. R.（1998）. Participant structures, scientific discourse, and student engagement in fourth grade. *Cognition and Instruction, 16*, 433-475.

Herrenkohl, L. R., Palincsar, A. S., DeWater, L. S.,& Kawasaki, K.（1999）. Developing scientific comminutes in classrooms: A sociocognitive approach. *The Journal of the Learning Sciences, 8*, 451-493.

清原 洋一（2018）．高等学校理科の改訂 総論 新学習指導要領高等学校——2030年代の社会を見据えた理科教育の創造—— 理科の教育, *67*, 4-8.

Maehr, M. L., & Midgley, C.（1991）. Enhancing student motivation: A school wide approach. *Educational Psychologist, 26*, 399-427.

Millar, R.（1996）. Towards a science curriculum for public understanding. *School Science Review, 77*, 7-18.

文部科学省（2018）．高等学校学習指導要領

Palincsar, A. S., & Brown, A. L. (1984). Reciprocal teaching of comprehension-fostering and comprehension-monitoring activities. *Cognition and Instruction, 1,* 117-175.

Palincsar, A. S., Collins, K., Marano, N., & Magnusson, S. J. (2000). Investigating the engagement and learning of students with learning disabilities in guided inquiry science teaching. *Language, Speech, and Hearing Services in the Schools, 31,* 240-251.

高垣 マユミ・田原 裕登志 (2005). 相互教授が小学生の電流概念の変容に及ぼす効果とそのプロセス　教育心理学研究, *53,* 551-564.

高垣 マユミ・田原 裕登志・富田 英司 (2006). 理科授業の学習環境のデザイン——観察・実験による振り子の概念学習を事例として——　教育心理学研究, *54,* 558-571.

高垣 マユミ・田爪 宏二・中西 良文・波 巌・佐々木 昭弘 (2009). 理科授業における動機づけ機能を組み込んだ教授方略の効果——小学理科「水溶液の性質」の事例を通して——　教育心理学研究, *57,* 223-236.

# 第Ⅱ部

# 説明過程で「無明」を汲み取る力

# 第5章
# 理解確認の視点

小林寛子：東京未来大学

　教師による説明は，学習者に説いて明らかにすることを目的として行われる。したがって，教師は十全な説明を行うよう努めなければならないが，目的を達成するにはそれだけでは不十分である。理由は，学習者の理解の仕方にある。同じ説明を受けたとしても，学習者がどう理解するかは，その既有知識や学習に対する考え方などによって異なる。したがって，教師は，自身の説明によって学習者がどのように理解したのか，理解できていないところはどこなのかといった，学習者の理解状態の確認をしなければならない。その手段の１つとして，本章では，教師による説明の後に，学習者自身に説明を行わせることを取り上げ，その有効性について論じていく。さらに，学習者の行う説明は，教師の指導上の手段としてだけでなく，学習者自身の自己診断ツールともなることを述べ，学習者が自律的に学習していくうえで有効に機能する可能性があることにまで論をすすめていく。

## 1.「わかる」とは

　授業で教師の説明を聞いて，また，教科書を読んで学習する場面において，私たちはしばしば理解できたという感覚を抱く。しかし，理解とは非常に複雑な認知過程であり，さらに，自分の理解状態に対する私たちの判断は誤りがちであることが，これまでに多くの研究で指摘されてきた。

　その一つが，学習に対する信念，すなわち，学習観の影響による誤りである。どのような学習が効果的かに関する信念は，認知主義的学習観と非認知主義的学習観に分かれることが指摘されている（植阪・瀬尾・市川, 2006）。認知主義的学習観とは，効果的な学習には意味的な認知処理が必要だと考える信念である。そのため，学習において，学習すべき内容の意味を理解したり，問

題を解くプロセスを重視したりする。一方，非認知主義的学習観とは，内的な処理よりも，量や環境を重視する信念である。丸暗記をよしとし，問題を解いた結果が合っていれば良いと考えて，問題を多く解くことや学習にどれくらい時間をかけたかを重視する。後者の学習観を持つ学習者は多いことが指摘されている（例；市川・堀野・久保，1998）が，非認知主義的学習観という名称に表れているように，この学習観は，物事を理解して考えるといった人の認知過程を扱う認知心理学の知見からは適切とは言えない。非認知主義的学習観を持つ学習者は，学習すべき内容の意味まではわかっていないけれども，字義どおりに暗記できたといった浅い理解に終始していることが多い。

　さらに，意味を理解しようとしても，正しく理解することは，実は非常に困難である。理解には，既存の知識が影響することが，記憶研究（例；Bartlett, 1995）や読解に関する研究（例；Ausubel, 1960）で古くから指摘されてきた。とくに，誤った知識や偏った知識は理解に負の影響をもたらす。思考に関する研究では，人は自分がもっている仮説の正事例ばかりを探そうとする傾向があること（Wason, 1960），また，仮説の反証となる証拠が得られても，それを無視したり曲解したりして，自分の仮説を修正することは稀であること（Chinn & Brewer, 1993）が明らかとなっている。そうした思考傾向も一因となって，正しい知識を学習する以前に誤った知識が形成されているような場合には，正しい知識の学習後も既存の誤った知識が残り続けることが多い。誤った知識の残る例として，ボスニアードとブルーワー（Vosniadou & Brewer, 1992）の研究を挙げよう。この研究では，小学生がどのような地球概念をもっているかを明らかにしている（図5-1）。中には，「地球は丸い」と学ぶ以前から形成され，それが残っているのであろうと想定できる概念もある。また，言葉では「地球は丸い」と言う児童であっても，その「丸い」の解釈は多様である。意味を理解することの難しさがうかがえよう。

　授業における教師の説明や教科書は，学習者に説いて明らかにすることを目的としている。ここで，これまで述べてきたような学習者の理解の難しさを考慮すると，教師側からの説明がその目的を達成するためには，学習者が与えられた説明をどう理解したのか，その理解と教師が明らかにしたかったこととの間に離齬はないかと，学習者の理解状態を丁寧に確認していく必要があること

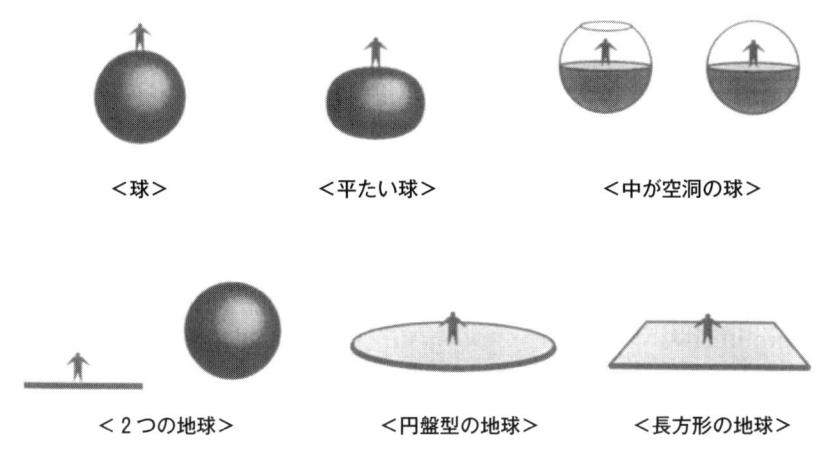

<球> <平たい球> <中が空洞の球>

<２つの地球> <円盤型の地球> <長方形の地球>

図5-1 小学生の持つ地球概念（Vosniadou & Brewer, 1992, p.549, Fig. 1 より）

が推察される。したがって，次節では，本書のテーマである説明について，学習者の理解状態の確認という視点から検討していく。

## 2. 学習者の理解状態の確認：学習者に説明を求める

　教師が学習者の理解状態を確認することは，何も特別なことではない。教師は，自身の説明の最中に，学習者の様子から，また「わかった？」という問いかけや具体的な発問に対する学習者の反応から，学習者の理解状態を把握しようとする。そうした教師の確認行為の中でも，学習者に学習した内容に関する説明を求めることは有効である。なぜなら，前節で述べたように学習者自身の「わかった」という判断は誤りであることが多く，どれくらいわかっているかを学習者の行動から客観的に把握する必要があるからである。さらに，理解状態は多様であることも考慮すると，学んだ概念を一言口にすれば済むような短い説明ではなく，自分のわかっていることを自らの言葉で具体的に説明させる方が良い。以下では，こうした説明を取り入れた教育実践について紹介していく。

　まずは，個別学習相談場面である。心理学で得られた知見を生かして個別学習相談を行う取り組みとして，認知カウンセリング（市川，1993）と呼ばれる

| |
|---|
| 相談員：ところで，しつこいようだけどもう一度。≪関数とは？≫ |
| 学習者：（すぐには書けなかったので，教科書を見ながら，書いた。）≪変数 x の値を決めると，それにつれて変数 y の値も決まるとき，y は x の関数であるという。≫ |
| 相談員：具体例も書いておこうか。自分で何か思いつくものをあげておこう。 |
| 学習者：≪水そうに入れる水の量と，水そうがいっぱいになるまでの時間≫ |
| 相談員：うん，いいんだけど，もうちょっと厳密にしようか。≪水そうに入れる 1 分あたりの水の量 x と，水そうがいっぱいになるまでの時間 y ≫とかね。「1 分あたりの」って入れた方が正確だよね。 |

図5-2　認知カウンセリング場面の具体例（市川, 2000, p.112, 場面 3 より）

実践的な研究活動がある。認知カウンセリングには，「何々がわからない」「勉強はしているのに成績が上がらない」といったさまざまな学習上の問題を抱えた学習者が来談する。そうした問題状況を，相談員が心理学で得られた知見を生かしながら丁寧に診断し，指導を行う。この診断の中で，学習者に自分の理解状態を説明してもらうことが重視されている。これは，考えていることを口に出してもらい（発話思考），得られたデータをもとに思考プロセスを明らかにするプロトコル分析という認知心理学の手法と，カウンセリングにおける傾聴を重視する姿勢を背景とした診断方法である。

　市川（2000）は，こうした説明が学習者の理解状態の診断，さらには深化に役立つことを，概念獲得や命題的表象に関する認知心理学的理論を背景として論じ，認知カウンセリング場面を例示している。その 1 場面を図 5-2 に示す。この場面では，説明を求められた学習者は，習ったはずの定義を説明できず，曖昧な具体例しか挙げられていない。こうした学習者の理解状態が明らかになってこそ，相談員からも有効な指導が可能となり，結果として学習者の理解が深まっていく。

　次に，学級単位での授業場面における実践を紹介する。認知カウンセリングを始動し継続してきた市川は，1990年代に打ち出された「新しい学力観」および「ゆとり教育」のもと，学習者に考えさせ，気づかせようとする授業法が奨励されるにつれて，「授業で先生が教えてくれないのでわからない」と訴える学習者が増えたと言う。その悩みを解決する授業として提案されたのが，「教えて考えさせる授業」である（市川, 2004）。これは，基本的な知識や技能を

習得することを目的とする授業の設計原理であり，以下の４段階で構成される。

- ・教師からの説明：教科書に記載されているような基本事項は，教師が教材や教具などを工夫してわかりやすく教える。
- ・理解確認：学習者が教えられたことを理解できているか確認する。
- ・理解深化：学習者が誤解していそうな内容を問う問題や，教えたことを使って考えさせる発展的な問題を与えて取り組ませ，理解を深める。
- ・自己評価：授業でわかったこと，まだよくわからないことを内省して記述させる。

　理解確認段階において，学習者に自分の理解状態の説明を求めることが取り入れられている。この場面での説明は，教師の説明の直後であるため，その機械的な暗唱にならないよう，求め方に工夫が必要となる。教師の説明に用いられた例題と類似の問題を与えて解かせるといった方法が工夫の１つであるが，問題を解かせる際には答えを出して終わりではなく，答えを導く過程を教わったことを用いて説明させることが肝要である。

　例として，油井・栩澤（2016）の授業を紹介しよう。小学４年生理科の「もののあたたまり方」の単元である。授業の記録によると，当初，教師は，教科書の記載をもとに「あたためられた部分の水は上向きに動き，それにつれてまわりの水も動いて，全体があたたまる」ことを説明したと言う。熱したところから順に熱が伝わってあたたまる金属とは，あたたまり方が異なることにも言及した。その後，理解確認段階では，水を入れたビーカーの底にみそを入れ，ビーカーの底を熱したときのみその粒の動く様子を観察させた。そして，それを水のあたたまり方を表す例として，水のあたたまり方と金属のあたたまり方との違いを学習者ペアで説明させる活動が取り入れられた。

　この説明活動において，学習者は，あたためられた水が上向きに移動することは理解できても，あたためられていない水が下方へ移動して全体が回ることは十分に認識できていなかったことが明らかになったと述べられている。ビーカーの底を熱したときの水のあたたまり方は，下方の冷たい水へ熱が伝わって

いくものと説明した学習者が多く，金属のあたたまり方との違いを明確に理解できていなかった。教師は，この経験をもとに，既習の「ものの温度と体積」の内容から，水はあたたまると軽くなり，動くことを教師からの説明として加えている。学習者に説明を求めることによってその理解状態が明らかとなり，教師から説明の追加がなされて，教師の説明の目的である「説いて明らかにすること」が達成された好例と言えよう。

## 3. 理解確認を育む

　前節では，学習者に学習した内容に関する説明を求めることは，教師が学習者の理解状態を確認する手段として有効であること，さらに，学習者の理解に不十分な点があると判明すれば，教師は適切な説明を重ねて，学習者の理解を深められることを述べてきた。これらは，学習者の行う説明の有効性を教師の側から捉えたものであるが，同様の有効性は学習者の側にも見ることができる。

　第一に，説明によって学習者自身も自分の理解状態を知ることが可能となる。チーら（Chi et al., 1989）では，自分自身に向かって学習内容を説明する「自己説明」を求められた学習者は，学習した内容について語るのみならず，自分の理解状態を評価する発話（「何々についてはわかった」や「どうしてそうなるのか（わからない）」など）を生成したことが報告されている。第二に，説明によって自分の理解に不十分な点があることに気づくと，学習者自身も説明を重ね，理解を深めていく。これを裏付ける事実として，先に紹介したチーら（Chi et al., 1989）では，自分の理解状態を評価する発話は，後に実施されたテストで高い成績を修めた学習者に多かったことを報告している。さらに，この効果は，説明が学習者の持つ誤ったメンタルモデルの修正を促すことによるものとして理論化されている（Chi, 2000）。うまく説明できずに，自分の理解が不十分であることに気づいた学習者は，十分な説明が構築できるよう，学習し直したり，学習した断片をつなぎ合わせて推論したりして，深い理解を構築していくものと考えられる。こうした有効性を重視し，前節で紹介した認知カウンセリングや教えて考えさせる授業では，学習者の説明は，教師の

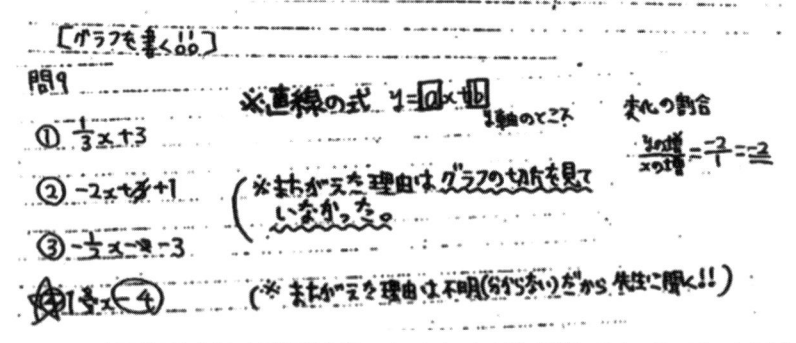

図５-３　学習者が自発的に教訓帰納を行っているノートの例（植阪，2010，p.88，Fig. 2より）

指導上の手段として用いられるだけではなく，学習者が自律的に学び続けていくための手段ともなるよう指導されている。

　さらに，説明が学習者自身による理解状態の不備の確認と修正を促すとするならば，その過程を説明しておくこともまた有効であると考えられる。学習過程を説明し，自覚化しておくことによって，似たような状況に出会ったときに同じ誤りを犯さずに済むことが期待できるからである。こうした，自分ができなかった内容について，なぜできなかったのか，今は何ができるようになったのかということを教訓として，一般化したルールの形で抽出することは，教訓帰納と呼ばれる（市川，1993）。小林（2015）は，割合の問題を用いて，誤答であった自身の考えについてその誤りを説明することは，提示された正答について説明することよりも，後に類似の問題を与えられたときの正解を促すことを示し，教訓帰納の有効性の一端を実証している。また，教訓帰納を指導した実践は，植阪（2010）で報告されており，数学で教訓帰納を指導され，その効果を実感した学習者が，自発的に教訓帰納を利用するようになった（自発的な教訓帰納の例を図５-３に示す）のみならず，他の教科へも教訓帰納を転移させたことが明らかとなっている。

　以上述べてきた説明が学習者自身にもたらす効果は，メタ認知の観点から解説できる。メタ認知とは，理解，思考といった認知的能力に関する知識（メタ認知的知識）や，自分の認知状態を把握したり調整したりするはたらき（メタ認知的活動）を指す（解説書として，三宮，2008）。教訓帰納された内容は，

自身の認知的能力に関する知識（メタ認知的知識）として蓄えられる。説明による自分の理解状態の確認や理解深化は，メタ認知的活動であろう。メタ認知は，その名称（メタ：高次の）からうかがえるように，一段高いところから，いわば教師のように，自分の認知を把握し調整する機能である。したがって，学習者が学習内容を説明することは，教師およびその視点を持った自己が，理解状態を確認し，そこからさらに理解の深化をはかっていくために有効であると言うことができる。理解確認の手段として，学習者の説明を促す教育が必要である。

### 教師への提言

　本章では，教師の説明を聞いたとき，それを学習者がどのように理解するかは多様であることを述べ，教師が「説いて明らかにする」という目的を達成するためには，適宜学習者の理解状態を確認しなくてはならないと問題提起した。そして，学習者の理解状態を確認する一手段として，教師による説明の後に，学習者に説明を求めることを挙げ，その有効性について実践例を紹介しながら論じてきた。教師が説いた後に，学習者が「自分はこう理解した」ということを説明する。その内容に応じて，教師が説明を加えたり，説明の観点を変えたりする。そのようにして，いわば教師と学習者が共同で説明を作り上げることが肝要なのである。また，最後の節では，学習者が説明をすることは，学習者自身の自己診断にも有効であることに触れた。自分のわからないところが明らかになることは，理解を深化させるきっかけとなる。学習者自身が，説明することを一つの学習方法として獲得し，自律して学習をすすめていけるよう指導することも必要である。

### 読書案内

市川 伸一（1993）．学習を支える認知カウンセリング——心理学と教育の新たな接点—— ブレーン出版（推薦理由：学習者に説明を求めることを取り入れた認知カウンセリングの例が掲載されている。学習者の理解状態の多様さと，その把握に説明が有効であること，理解状態によって教師の説明も変わっていく過程などが描き出されている。）
市川 伸一・植阪 友理（編著）（2016）．最新教えて考えさせる授業小学校——深い学びとメタ認知を促す授業プラン　図書文化社（推薦理由：一人の教師に対して多数の学習者がいる授業場面において，個々の学習者の理解状態を把握することは難しい。この問題に対してどのような工夫が考えられるか，事例で学ぶことのできる本である。）

## 文　献

Ausubel, D. P. (1960). The use of advance organizers in the learning and retention of meaningful verbal material. *Journal of Educational Psychology, 51*, 267-272.

Bartlett, F. C. (1995). *Remembering: A study in experimental and social psychology* (2nd ed.). Cambridge, UK: Cambridge University Press.

Chinn, C. A., & Brewer, W. F. (1993). The role of anomalous data in knowledge acquisition: A theoretical framework and implications for science instruction. *Review of Educational Research, 63*, 1-49.

Chi, M. T. H. (2000). Self-explaining expository texts: The dual processes of generating inferences and repairing mental models. In Glaser, R. (Ed.), Advances in instructional psychology (pp.161-238). Mahwah, NJ: Lawrence Erlbaum Associates.

Chi, M. T. H., Bassok, M., Lewis, M. W. Reimann, P., Glaser, R. (1989). Self-explanations: How students study and use examples in learning to solve problems. *Cognitive Science, 13*, 145-182.

市川 伸一 (1993). 学習を支える認知カウンセリング──心理学と教育の新たな接点── ブレーン出版

市川 伸一 (2000). 概念，図式，手続きの言語的記述を促す学習指導──認知カウンセリングの事例を通しての提案と考察── 教育心理学研究, *48*, 361-371.

市川 伸一 (2004). 学ぶ意欲とスキルを育てる 小学館

市川 伸一・堀野 緑・久保 信子 (1998). 学習方法を支える学習観と学習動機 市川 伸一 (編著) 認知カウンセリングから見た学習の相談と指導 (pp.186-203) ブレーン出版

市川 伸一・植阪 友理 (編著) (2016). 最新教えて考えさせる授業小学校──深い学びとメタ認知を促す授業プラン── 図書文化社

小林 寛子 (2015). 誤答を説明することとその効果──割合の問題を用いて── 日本教育心理学会第57回総会発表論文集, 450.

三宮 真智子 (2008). メタ認知──学習を支える高次認知機能── 北大路書房

植阪 友理 (2010). 学習方略は教科間でいかに転移するか──「教訓帰納」の自発的な利用を促す事例研究から── 教育心理学研究, *58*, 80-94.

植阪 友理・瀬尾 美紀子・市川 伸一 (2006). 認知主義的・非認知主義的学習観尺度の作成 日本心理学会第70回大会発表論文集, 890.

Vosniadou, S., & Brewer, W. F. (1992). Mental model of the earth: A study of conceptual change in childhood. *Cognitive Psychology, 24*, 535-585.

Wason, P. C. (1960). On the failure to eliminate hypotheses in a conceptual task. *The Quarterly Journal of Experimental Psychology, 12*, 129-140.

油井 玲子・楜澤 貴子 (2016). 理科／4年 もののあたたまり方 水と金属のあたたまり方の違い 市川 伸一・植阪 友理 (編著) 最新教えて考えさせる授業小学校──深い学びとメタ認知を促す授業プラン (pp.84-89) 図書文化社

工藤与志文：東北大学

　授業は，授業者と学習者とのコミュニケーションの場である。授業者が情報を学習者に伝達するうえで「説明」は重要なはたらきをする。一方，授業は本質的にディスコミュニケーションが起こりやすい状況にある。とくに問題になるのは，授業者が「教えたつもり」，学習者が「わかったつもり」になって，互いの認識のずれに気づかないまま授業が進行していくという事態である。このような事態を避けるために，授業者は自らの説明が学習者によって意図どおりに理解されているのかどうか，モニターし続ける必要がある。本章では，このモニタリング機能を「発問」の重要な機能として位置づけ，ディスコミュニケーションを回避するうえでの重要性について説明したい。

## 1. コミュニケーションとしての授業

### [1] コミュニケーションの仕組み

　学校教育の重要な機能の一つに，前の世代までに蓄積した知識を次の世代に伝えることがある。この機能を果たす重要な場が授業である。このように授業は，授業者から学習者へのコミュニケーション（情報伝達）の場としての側面をもつ。このコミュニケーションを実現するための重要な手段の一つが「説明」である。わかりやすい説明とは，説き手の持つ情報が適切な形で受け手に伝わるような説明のことである。説明がわかりにくいと適切な情報伝達が生じない，つまりディスコミュニケーション（コミュニケーション不全）が生じることになる。

　ところで，「わかりやすくていねいに説明しなさい」などとよく言われる。説明の仕方を工夫さえすれば，ディスコミュニケーションは防げるのだろう

か。残念ながら，授業に関する場合，事はそう単純ではない。その理由は，授業におけるコミュニケーションが独特のむずかしさを抱えている点にある。この点を理解するために，池上（1984）にならってコミュニケーションの一般的な仕組みを見てみよう。発信者は伝えたい内容（伝達内容）をもっている。しかし，このままでは伝えることができないので，それを伝達可能な記号すなわち「メッセージ」に変換する。メッセージへの変換は，記号とその意味や記号の結合方法に関してあらかじめ決められた規定（コード）に従って実行される。続いてメッセージは，何らかの経路を通って受信者のもとに届けられる。受信者は「コード」を参照しながらメッセージを解読して意味内容を再構成し，コミュニケーションが成立する。もちろん，以上のプロセスはいわば「理想的」なコミュケーションの場合であって，人間どうしのコミュニケーションの場合は，伝達内容からメッセージへの変換の過程で，コードからの逸脱がしばしば起こる。このような場合，受信者は「コンテクスト」（文脈・背景）を参照してメッセージを解読しなければならない。たとえば，暖房のついていない部屋で「なんか寒くない？」と質問された場合，コンテクストを参照すれば，「暖房をつけてほしい」という伝達内容であると解読できることになる。

## [2] 授業におけるコミュニケーションのむずかしさ

　このように，受信者はコードとコンテクストを参照してメッセージを解読し，伝達内容を知る。したがって，発信者と受信者の間でコードとコンテクストが共有されていなければ，コミュニケーションは成立しないのである。もちろん，現実場面でコードやコンテクストが完全に共有されているような状況は存在しない。しかしながら，コトバに関する知識（コードに相当）や文脈に関する知識や背景知識（コンテクストに相当）をある程度共有していなければ，コトバによるコミュニケーションが容易に成立しないことは明らかであろう。ところが授業では，このようなコードやコンテクストの共通性という前提が満たされない可能性が高い。学習者は，授業者のものとは異質のコードやコンテクストを教室場面に持ち込むのが普通である。そもそも，もっている知識の量や質において，授業者と学習者の間に大きな格差があることが授業の前提であり，この格差を埋めるのが授業の目標なのである。したがって授業者は，本質

的にコミュニケーションが成立しにくい状況において，コミュニケーションを成立させるべく努力することを運命づけられているのである。

　ところで読者のみなさんは，授業でのコミュニケーションをそれほどまでにむずかしいと思っているだろうか。普通にコミュニケーションできている事実がたくさんあるではないかという反論も聞こえてきそうである。しかし，それは本当だろうか。次の事例について考えてみよう。

## 2.「わかったつもり」と「教えたつもり」

### [1]「コイル」とは何か？

　工藤・小石川（2012）は，小5理科の電磁石に関する授業で観察されたディスコミュニケーションについて報告している。当該授業では，電磁石に関する授業の発展として，モーターを自作することを予定していた。導線を数回巻いて輪のような形のコイルを作り，回転できるように支えられた形にして乾電池につなぐ。さらに，コイルの下に永久磁石を置くことで，コイルを回転させることができる。これは，子どもでも自作できるモーターとしてよく知られたものであり，教科書にも取り上げられている。

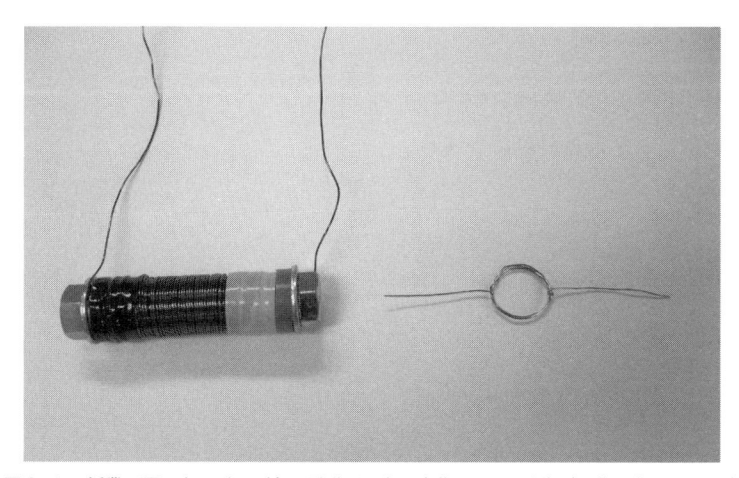

図6-1　授業で用いたコイル（左が電磁石，右が自作モーター用）（工藤・小石川, 2012）

　ところで，子どもたちは導線を数回巻いたものを「コイル」だと思っている
のだろうか。教科書では「導線を巻いたものをコイルという」と説明されてい
る。授業でもその説明を繰り返し，コイルというコトバは普通に使われるよう
になっていた。しかし，これまで取り上げてきた電磁石のコイルは筒状の形を
しており，数回巻いただけの自作モーター用のコイルとは形が異なっているの
である（図6-1）。この点が，授業プランの事前検討で問題となった。そこ
で，モーター作りの前に，コイルについて発問してみることにした。談話例6
-1はその時の記録である。

談話例6-1　コイルについての授業におけるやりとり

---

Ｔ：（方位磁針に数回巻いたコイルを見せ）これ何ていうの？
Ｃ：導線。
Ｔ：こういう巻いたやつを何というの？　何と言ったらいいんだろうねえ，導線巻いたの。
　（子どもたち，何を聞かれているのかという顔で反応無し）

Ｔ：（筒状のコイルを取り出し）導線巻いたやつは何というの？
Ｃ：（すかさず）コイル
Ｔ：（方位磁針に）同じように導線巻きます。これ何でしょう？
　（子どもたち，沈黙）
Ｔ：これもコイルと言っていい？　だめ？
　（子どもたち，反応無し。首をかしげたりしている。）
Ｔ：（２つのコイルが）同じかな，違うかな？
Ｔ：わかんない？　そうか。

---

（工藤・小石川，2012より一部改変して引用。なお，Ｔは教師，Ｃは子どもの発言）


## [2] 授業者と学習者の認識のずれ

　記録から明らかなように，子どもたちの考える「コイル」は筒状のものであ
り，数回巻いただけのコイルは「コイル」ではないのである。教師はさまざま
な誘導を試みたものの，結局子どもから「コイル」という反応を引き出すこと
はできなかった。そこで，数回巻いただけのコイルでも通電すれば方位磁針の
向きに影響を与えることを見せて，コイルのはたらきをもつことを具体的に示
すことにした。こうして，「コイル」であることを納得させたのである。
　ここで注目すべきことは，教師も子どもたちもコイルとはどんなものか，認
識が互いにずれていることに気づかないまま，ここまで授業が進行していた点

である。コイルについて，教師は「教えたつもり」になっており，子どもたちも「わかったつもり」になっていたのである。もしも認識のずれに最後まで気づかなかったならば，モーター作りの活動はこれまでの電磁石の学習とほとんどつながりをもたない，単なる「ものづくり」となっていただろう。

　この事例から何を学ぶことができるだろうか。それは，授業における「説明」を考えるうえで，説明のわかりやすさといった要因とは別の問題があるということである。「導線を巻いたもの」という説明は子どもにとってもむずかしいものではない。実際に子どもたちは，「コイル」という用語を正しい形で積極的に使っていた。教師も「導線を巻いたもの」という説明で子どもたちがつまずくとは思っていなかっただろう。しかし，「コイルとはどんなものか」という基本的な認識において，両者の間では微妙な違いが生じていた。わずかな違いではあるが，それによって授業における「モーター作り」の意味づけは異なるものになったであろう。

## 3. 学習者の説明理解をモニターするための発問

### [1]「わかったつもり」「教えたつもり」を揺さぶる発問

　ところで，子どもたちはどうして筒型であることにこだわったのだろうか。それまで使ってきたコイルが筒状だからというのが最もありそうな答えだが，それだけだろうか。筆者は，導線を巻くことの意味を教わっていないからだと考えている。小学校段階では「磁界」について学ぶことがない。電磁石の学習でも，つなぐ乾電池の数やコイルの巻き数と電磁石の強さの関係といった現象面の学習に終始する。一本の導線でも通電すればそのまわりに磁界ができることや，その磁界を集めて強力にするために導線を巻いたものがコイルであることを知っている人にとって，数回巻いても100回巻いてもコイルはコイルである。しかし，子どもたちはそのような知識をもっていない。コイルの形に過剰に意味を持たせたのも無理はないように思われる。

　1節で述べたように，授業者と学習者の間には知識格差があるため，互いに異なったコードやコンテクストのもとでコミュニケーションをせざるをえない。一見わかりやすいと思われる説明でも，その理解や解釈においてずれが生

じてしまうことは，決してまれではないと考えておくべきだろう。したがって授業者は，伝えたい内容や意図を学習者が適切に理解しているかどうか確認しながら授業をすすめなければならないのである。そのために有効であると考えられるのが，学習者の理解状況を把握するはたらき（モニタリング機能）をもつ発問である。たとえば，理解の程度を確認したり試したりするために，学習者とのやりとりの中で適宜挿入する類の発問がこれに当たる。この種の発問が，学習者の「わかったつもり」や授業者の「教えたつもり」に揺さぶりをかけるのである。前述の事例では，「これ何というの？」という単純な発問が教師と子どもたちの間の認識のずれを白日の下にさらすことになった。

## [2]「フックの法則」は何の法則か？

　学習者の説明理解をモニターする発問について，教育心理学の知見をもとに，さらに説明してみよう。理科授業では，科学法則を説明する時に実験を用いるのが通例である。この場合，実験とその結果がその法則の「事例」となる。工藤（2013）は，学習者が科学法則をどの程度抽象的に捉えているか，また法則の説明に用いられた事例がその抽象度にどのように影響しているかを検討した。大学生にフックの法則を説明した中学理科の教科書の記述を読んでもらい，その後，フックの法則の理解に関する一連の問題に答えてもらう形で調査を行った。教科書では，つるまきばねの実験結果とともに「弾性をもつ物体が変形する場合，その変形の大きさが加えた力に比例するとき，この比例する関係をフックの法則という」「ガラス・木・岩石・金属なども弾性をもつ物体である」といった説明がなされていた（図6-2）。調査問題に対する回答を分析すると，弾性をもつ物体一般に成り立つ法則であると理解した者は調査対象者の40％程度に過ぎず，約60％の対象者は，ばねに関する法則であると理解していることが明らかとなった。また，鋼鉄製スプリングに対してフックの法則が当てはまると判断した人の割合は100％であったものの，スポンジでは52％，プラスチックボールでは44％，大理石で15％に過ぎなかった。以上のように，教科書の記述に反し，ばねという特定の物体にのみ成り立つ法則であると理解した対象者は少なくなかった。

　教科書でつるまきばねを使った実験を採用しているのは，ばねの変形量が大

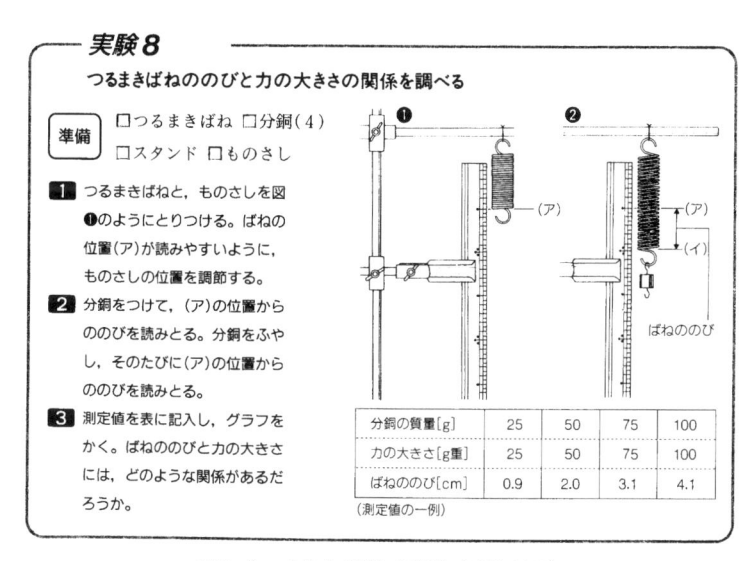

図6-2　つるまきばねの実験（工藤，2013）

きいためフックの法則を見て取りやすいからであろう。生徒にとってはわかり
やすい事例であり，教師からすれば説明しやすい事例であるとは言える。しか
し，問題はその先にある。教師は一般法則であることをあらかじめ知っている
ので，実験そのものは法則を演示し説明するための手段に過ぎない。一方，こ
れからフックの法則を学ぶ生徒にとって実験は，法則の適用範囲を判断する重
要な手がかりとなる。説明のための実験が，教師にとっては思わぬ形で，生徒
の法則理解に影響を与えることが見て取れよう。ここにも，説明の理解や解釈
における授業者と学習者のずれを認めることができる。

　今説明した例は調査結果に基づくものであり，実際の授業を扱ったものでは
ない。しかし，教科書にあるような説明をされた生徒が，調査結果と似たよう
な認識にとどまる可能性は十分にあるだろう。それでは，授業実践でこのよう
なディスコミュニケーションを回避するにはどうすればよいか。ここでもモニ
タリング機能をもった発問が効果的である。たとえば，「フックの法則はばね
にしかあてはまらないのか？」「岩石や金属でフックの法則は成り立つか？」
と発問すればよいのである。回答から，つるまきばねを使った説明を生徒がど
のように解釈しているか，うかがい知ることができるはずである。なお，フッ

クの法則の授業に関連して，ガラス棒の弾性実験が提案されている（中村，
1985）。これも「ばねにしかあてはまらないのか？」という発問の延長にある
ということができるだろう。

## [2] 学習者の立場から見ることの大切さ

　以上，モニタリング機能をもった発問がディスコミュニケーションを回避す
るうえで重要であることを説明してきた。それでは，授業の流れの中で，この
種の発問を行うべきところはどこだろうか。それを知るには，自分のもってい
る知識を一端棚に上げて，学習者の立場で授業プランや教材を見直すことが必
要である。磁界に関する知識のない子どもが電磁石の授業でどんなことを考え
るだろうか。フックの法則の一般性を知らない学習者は，ばね実験をどのよう
に理解するだろうか。できるだけ学習者になりきって想像してみるのである。
うまく想像できれば，授業プランや教材の中で気になる部分が見えてくるはず
である。そこが発問のポイントとなる。コイルについて「これ何というの？」
という発問を急遽加えたのも，学習者の立場で授業プランを見直したことが
きっかけであった。

## [3] 知識の呪縛

　ところが，自分のもっている知識を棚上げにするのは，想像以上にむずかし
いことのようである。このことを端的に示すのが「知識の呪縛」（curse of
knowledge; Birch, 2005）である。知識の呪縛とは，知識をもっている人はもっ
ていない人の心的状態をうまく推測できないという広く観察される現象を指
す。「わかってしまった人は，わからない人の気持ちがわからない」とでも言
えようか。教育の世界もまたそれと無縁ではない。知識に呪縛された教師は，
知識をもっていない児童生徒がどのように考えるか，うまくモニターできない
だろうと予想される。したがって，学習のつまずきを的確に予測できないだけ
でなく，学習者との知識格差を過小評価してしまうだろう。たとえば，自分に
とってわかりやすい説明だから，子どもたちにとってもそうだろうと安易に考
えてしまうようなケースである。知識の呪縛を克服し，自らを学習者の立場に
置いて考えることができるという資質は，簡単に身に付けられるものではない

だろう。しかし，それがすぐれた授業者であるために必要な条件の一つであり，教師の「専門性」を構成する重要な要素であることは間違いない。

### 教師への提言

　モニタリング機能をもつ発問の重要性について説明してきた。読者のなかには「それでは，どのような形式の発問をどのタイミングですればよいのか」といった疑問が生まれたかもしれない。しかしながら，この種の発問を駆使するために必要なのは，そのようなテクニカルな捉え方ではなく，自分の説明を児童生徒がどのように理解しているのかモニターし続けようとする姿勢であると言いたい。そして，そのような姿勢を身に付けるためには「知識の呪縛」の克服が必須である。その第一歩としては，授業における学習者の思考について理解を深めることが重要であろう。教育心理学はこの点について多くの知見を提供してきた。たとえば，素朴概念，誤概念，誤ルールなどに関する研究は，学習者がさまざまな知識や信念を教室に持ち込んで思考を展開することやそのことが授業にネガティブな影響を及ぼす場合のあることを明らかにしてきた（伏見・麻柄，1993; 麻柄ら，2006）。教師がこのような知見を学ぶことは，児童生徒の持つコードやコンテクストの異質性に目を向けることにつながるだろう。

### 読書案内

西林 克彦（2005）．わかったつもり　読解力がつかない本当の原因　光文社（推薦理由：教科書を読んで，教師はすぐ「わかったつもり」にならないだろうか。教師の「わかったつもり」は授業での「教えたつもり」に直結する。「わからない」より「わかったつもり」の方が問題だと喝破する本書を参考にして，「わかったつもり」の壊し方を学んでほしい。）

### 文　献

Birch, S. A. (2005). When knowledge is a curse: Children's and adults' reasoning about mental states. *Current Directions in Psychological Science, 14* (1), 25-29.

伏見 陽児・麻柄 啓一（1993）．授業づくりの心理学　国土社

池上 嘉彦（1984）．記号論への招待　岩波書店

工藤 与志文（2013）．ルール学習における知識表象の不十分な抽象化とその問題　教育心理学研究, *61*(3), 239-250.

工藤 与志文・小石川 秀一（2012）．理科授業における子どもの認識とそれに関する教師の認識とのずれについて：小5「電流が生み出す力」における事例から学ぶ　教授学習心理学研究, *8*(1), 42-48.

麻柄 啓一・進藤 聡彦・工藤 与志文・立木 徹・植松 公威・伏見 陽児（2006）．学習者の誤った知識をどう修正するか　ル・バー修正ストラテジーの研究　東北大学出版会

中村 敏弘（1985）．ガラス棒で弾性を　高橋 金三郎・鈴木 清龍・若生 克雄（編）やさしくて本質的な理科実験3（pp.32-35）　評論社

# 第7章
# 机間指導の視点

山森光陽：国立教育政策研究所

　授業中に教師が学習者の机の間を見回り，必要に応じて学習者の傍らで説明，指示，質問，発問を行う机間指導の対象となるのは，どのような学習者なのだろうか。学習者が授業から逸脱し，落ち着かない，おとなしく目立たない，といった非課題従事行動をとることは，理解不振の表れと考えられる。教師はこのような行動から個別の学習者の状況を把握することで，机間指導を行っているものと考えられる。本章では，授業を受けている全学習者を対象に，授業時間全体を通じて時系列的に把握可能な，身体の揺れにともなう周波数を計測し，学習者の行動を網羅的に記録したデータを用い，机間指導を受けやすい・受けにくいのは誰かを明らかにすることを試みたい。

## 1．課題従事行動と身体の動き

　学習者が教室で授業を受けているときにはさまざまな行動をとる。教師の話をじっと聞くこともあれば，黒板を見たり，ノートを取ったり，隣同士やグループで話し合ったり，いろいろである。授業の内容から離れて考え事をしたり，関係のないおしゃべりをしたりすることもある。

　これらの行動のうち，授業内容と関係のある行動を課題従事行動，関係のないものを非課題従事行動と呼ぶ。これらの行動は，何らかの身体の動きをともなうため，周波数，すなわち身体が1秒間に繰り返し運動する回数を計測することで，ある程度の把握が可能である。

　山森ら（2018）は，小学生を対象とした授業を模した活動を実施し，授業中に子どもがとると考えられるさまざまな行動を生起させ，個々の身体の揺れにともなう周波数を測定し，行動ごとに周波数の最大値との対応を検討した。そ

の結果，非課題従事行動の代表的な動きである着席不動の状態の周波数はほぼ0Hzであり，起立着席や机を動かしたり，小集団で遊んだりする場合に2.70-4.72Hzの範囲をとることが示された。一方，課題従事行動の中でも，黒板を見るという行動の周波数は0.39-3.24Hz，教師の話を聞くことが0.98-4.08Hzの範囲をとることが示された。課題従事と見なされる行動の場合には，一見動きがともなわないような行動であっても一定以上の周波数となることが示されたのは，この知見で興味深い点の一つである。

　授業中の学習者の課題従事行動を周波数を指標として把握することには，対象児全員にデバイスを着用させることで，授業時間全体を通じて継続的に計測することができ，時系列的変化の検討や，ある単位時間内での他児との比較が可能となる利点がある。もとより，周波数だけでは学習者のとった行動の詳細まではわからない。しかし，非課題従事行動の場合には周波数がほぼ0Hzか一定以上であるかのいずれかであることや，目立つと考えられる動きの周波数は高いという前提に立つと，次節で述べるような試みが可能と考えられる。

## 2. 机間指導を受けやすい・受けにくいのは誰か

### [1] 授業における机間指導

　教室での授業での教師の指導行為の中でも，説明（説いて明らかにすることで理解を促す），観察（教室の状況や学習者の実態の把握），指示（特定の動作をとることを求める），質問（はい・いいえ，または特定の単語などの応答を求める），発問（問いを発することで問題を認識させ思考を促す）は，主要なものであると考えられる。また，これらの対象は，集団全体（教室の中の学習者全員），小集団（教室の中で分けられた複数の学習者で構成されるグループ），個人の3つに大別できるだろう。

　教室での授業中に教師が行う，個人を対象とした指導の方法の一つに，机間指導が挙げられる。これは，教師が学習者の机の間を見回り，必要に応じて特定の学習者の傍らで行う指導のことである。

　机間指導の対象となる学習者は，授業に乗ってこない，逸脱する，体調が悪い，落ち着かないといった教師にとって気になる学習者，ほとんど発言しない

学習者，おとなしく目立たない学習者であると指摘されている（近藤, 1988）。また，中学校での授業観察の結果では，学力が低い，学習態度の悪い生徒が机間巡視の対象となることが明らかとなっている（下地・吉崎, 1990）。

　上記のような，机間指導の対象となりやすい，教師にとって気になる学習者のとる行動は，学習内容に対する理解不振の表れと考えられる。そして机間指導とは，一斉指導の割合の高い授業の中で，理解不振の学習者を対象とすることが多い個別指導であると言えよう。

### ［2］学習者の身体の動きと机間指導

　前節で述べた授業中の学習者の動きと周波数との関係と，机間指導の対象となりやすい学習者の特徴とを合わせて考えるならば，授業から逸脱したり学習態度が悪いといった目立つ行動の場合にはそれらの動きにともなう周波数は高く，おとなしく目立たないといった学習者の周波数は低くなると考えられる。すなわち，机間指導の対象となりやすい，教師にとって気になる学習者の授業中の動きにともなう周波数は，他児と比較して相対的に高い，あるいは低いかのいずれかになると見込まれる。

　そこで以下では，小学校第3学年児童を対象に，図7-1に示したように10人程度，20人，30人程度のクラスを設け，2時間の国語の実験授業を行った際に得られたデータを用いて，机間指導の対象となる学習者の傾向の検討を試みる。なお，授業中の個別指導の実施のしやすさはクラスサイズによって異なる

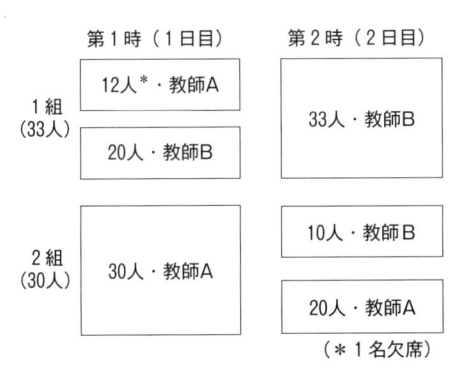

図7-1　学習集団および授業担当教師の割当て

（1）児童9が13:25:25に机間指導を受けたので，直前10秒間
（測定回数0.625秒間隔で16回分）の周波数データを取り出す

| 時刻 | 児童1 | 児童2 | 児童3 | 児童4 | 児童5 | 児童6 | 児童7 | 児童8 | 児童9 | 児童10 | 児童11 | 児童12 | 児童13 |
|---|---|---|---|---|---|---|---|---|---|---|---|---|---|
| 13:23:15.000 | 0.86 | 0.75 | 3.12 | 2.80 | 3.54 | 2.00 | 0.00 | 0.00 | 2.69 | 0.00 | 0.25 | 0.00 | 2.75 |
| 13:23:15.625 | 0.67 | 0.25 | 3.25 | 2.43 | 3.71 | 2.62 | 0.00 | 0.25 | 3.31 | 0.00 | 0.25 | 0.00 | 3.35 |
| 13:23:16.250 | 0.25 | 0.25 | 1.34 | 0.96 | 2.22 | 2.32 | 0.00 | 0.00 | 3.23 | 0.00 | 0.25 | 0.00 | 1.55 |
| 13:23:16.875 | 0.25 | 0.00 | 0.25 | 2.03 | 1.85 | 1.99 | 0.00 | 0.25 | 2.84 | 0.25 | 0.61 | 0.61 | 0.25 |
| ⋮ | ⋮ | ⋮ | ⋮ | ⋮ | ⋮ | ⋮ | ⋮ | ⋮ | ⋮ | ⋮ | ⋮ | ⋮ | ⋮ |
| 13:23:22.500 | 3.45 | 0.00 | 0.25 | 0.25 | 1.86 | 0.56 | 0.00 | 0.00 | 3.11 | 1.79 | 0.25 | 0.25 | 0.25 |
| 13:23:23.125 | 3.69 | 0.00 | 0.00 | 0.00 | 1.42 | 0.25 | 0.00 | 0.00 | 1.68 | 0.25 | 0.00 | 0.25 | 0.00 |
| 13:23:23.750 | 2.56 | 0.00 | 0.00 | 0.00 | 1.76 | 1.76 | 0.00 | 0.00 | 2.03 | 0.00 | 0.00 | 0.25 | 0.25 |
| 13:23:24.375 | 1.76 | 0.00 | 0.00 | 0.00 | 1.17 | 0.44 | 0.00 | 0.00 | 2.88 | 0.00 | 0.00 | 0.25 | 0.38 |

（2）各児童について，10秒間の周波数の最大値を取り出す

| 児童1 | 児童2 | 児童3 | 児童4 | 児童5 | 児童6 | 児童7 | 児童8 | 児童9 | 児童10 | 児童11 | 児童12 | 児童13 |
|---|---|---|---|---|---|---|---|---|---|---|---|---|
| 3.69 | 0.75 | 3.25 | 2.93 | 3.71 | 3.45 | 0.25 | 0.78 | 3.31 | 2.80 | 1.28 | 0.25 | 3.35 |

（3）各児童の10秒間の周波数の最大値の四分位を求める

| 第1四分位 | 中央値 | 第3四分位 |
|---|---|---|
| 0.78 | 2.93 | 3.35 |

（4）児童9が机間指導を受ける直前の状況をまとめる

| 児童 | 隣接有無 | 周波数 | | |
|---|---|---|---|---|
| | | 第1四分位未満 | 第3四分位超 | 四分位範囲内 |
| 9 | なし | 0 | 0 | 1 |

図7-2 データ整形の手順

ことを示した先行研究があるため，クラスサイズによる傾向の違いも検討する。また，教師が机間指導を実施する際には，座席に沿って順番に行うことが見られるため，机間指導を受けた児童の隣接した座席（前後左右および斜め）に直前に机間指導を受けた児童がいたかも要因に加えて分析を行うこととした。

　まず，授業開始前から終了後まで撮影した動画データから，机間指導を受けた児童とその時間を特定した。また，机間指導を受けた児童に隣接した座席に直前に机間指導を受けた児童がいたかについても特定した。

　そして，実験授業で取得された，参加した全児童の0.625秒ごとの平均周波数を，机間指導を受けた児童・時点ごとに図7-2に例示した手順で，座席に直前に机間指導を受けた児童がいたかについても含めてデータ化した。なお，児童の周波数は，授業開始前から終了後まで児童が首かけストラップで着用した名札型ウエアラブルセンサに内蔵された加速度計で計測された上下・左右・前後の3軸加速度の合成加速度を50Hzでサンプリングしたゼロクロス周波数を，ウエアラブルセンサの基地局端末で処理して出力された，0.625秒ごとの平均周波数である。

　上記のようにデータ化した結果を，各授業で机間指導を受けた児童の机間指導を受ける直前の状況別延べ人数でまとめると，表7-1のとおりであった。この結果に対して，隣接した座席に直前に机間指導を受けた児童がいたかが$i$，机間指導を受ける直前10秒間の行動にともなう周波数の最大値の相対的な大きさが$j$であった児童に対する机間指導件数$y_{ij}$は平均$\mu_{ij}$のポアソン分布に従うと仮定し，各授業について以下の対数線形モデルを当てはめて分析を行った。

$$\log\left(\mu_{ij}\right) = \lambda + \lambda_i^A + \lambda_j^B + \lambda_{ij}^{AB} \tag{1}$$

$\lambda_i^A$は児童の着席位置の主効果であり，隣接した座席に直前に机間指導を受けていた場合を1として$\lambda_1^A$を推定した。$\lambda_j^B$は期間児童を受ける直前の周波数の主効果であり，第1四分位未満の場合を1として$\lambda_1^B$を，第3四分位超の場合を1として$\lambda_2^B$を，四分位範囲内の場合を1として$\lambda_3^B$を推定した。なお，$\lambda_1^B$，$\lambda_2^B$，$\lambda_3^B$の和は0という制約を加えた。$\lambda_{ij}^{AB}$は着席位置要因と周波数要因

表7-1　各授業で机間指導を受けた児童の机間指導を受ける直前の状況別の人数

| 時 | 規模 | 組 | 授業者 | 直前の被指導児との隣接 | 直前10秒間の身体の揺れにともなう周波数の最大値 | | |
| --- | --- | --- | --- | --- | --- | --- | --- |
| | | | | | 第1四分位未満 | 第3四分位超 | 四分位範囲内 |
| 1 | 小<br>(12人) | 1 | A | なし | 4 | 3 | 7 |
| | | | | あり | 1 | 4 | 5 |
| 1 | 中<br>(20人) | 1 | B | なし | 2 | 3 | 6 |
| | | | | あり | 1 | 2 | 4 |
| 1 | 大<br>(30人) | 2 | A | なし | 5 | 7 | 6 |
| | | | | あり | 0 | 4 | 3 |
| 2 | 小<br>(10人) | 2 | B | なし | 1 | 2 | 3 |
| | | | | あり | 7 | 8 | 2 |
| 2 | 中<br>(20人) | 2 | A | なし | 1 | 5 | 9 |
| | | | | あり | 4 | 3 | 5 |
| 2 | 大<br>(33人) | 1 | B | なし | 2 | 4 | 4 |
| | | | | あり | 1 | 3 | 10 |

の交互作用である。なお，$\lambda_{11}^{AB}$, $\lambda_{12}^{AB}$, $\lambda_{13}^{AB}$ の和は 0 という制約を加えた。母数の推定は，BRugs を R で実行する MCMC 法によって行った。

$$\lambda, \ \lambda_i^A, \ \lambda_j^B, \ \lambda_{ij}^{AB} \sim N \ (0, 10) \tag{2}$$

のような無情報事前分布を仮定し，10万の連鎖を発生させ，1万回をバーンイン期間とした。

　分析の結果は表7-2のとおりであった。なお，各クラスに対するすべての母数において Geweke 指標が±1.96の範囲に収まっていた。95％確信区間に 0 を含まないという点で各授業に対する事後統計量を解釈し，机間指導の対象となる学習者の傾向をまとめると，表7-3のとおりとなる。

　机間指導を受けた児童の隣接状況に着目すると，教師Aの30人程度学級では直前に机間指導を受けていた児童と隣接した児童が机間指導を受けにくく，教師Bの10人程度学級では隣接した児童に対する机間指導件数が多いことが示された。この結果は，座席に沿って順番に行うか否かといったように，教師によって机間指導の方略が異なることを示唆していると考えられる。

表7-2　事後統計量

| 母数 | 第1時 | | | | | | 第2時 | | | | | |
|---|---|---|---|---|---|---|---|---|---|---|---|---|
| | 小12人 | | 中20人 | | 大30人 | | 小10人 | | 中20人 | | 大33人 | |
| | 平均 | 95% CI | 平均 | 95% CI | 平均 | 95% CI | 平均 | 95% CI | 平均 | 95% CI | 平均 | 95% CI |
| $\lambda$ | 1.06 | [0.47, 1.54] | 0.70 | [0.02, 1.26] | 0.47 | [-0.87, 1.35] | 0.85 | [0.19, 1.39] | 1.14 | [0.55, 1.61] | 0.93 | [0.29, 1.45] |
| $\lambda_1^A$ | -0.29 | [-0.87, 0.21] | -0.32 | [-0.97, 0.27] | -1.22 | [-2.56, -0.34] | 0.58 | [0.01, 1.22] | 0.09 | [-0.41, 0.66] | -0.05 | [-0.66, 0.51] |
| $\lambda_1^B$ | -0.66 | [-1.68, 0.12] | -0.74 | [-1.87, 0.16] | -1.92 | [-4.53, -0.30] | -0.17 | [-1.21, 0.66] | -0.75 | [-1.78, 0.03] | -0.97 | [-2.10, -0.10] |
| $\lambda_2^B$ | 0.03 | [-0.68, 0.73] | -0.04 | [-0.90, 0.78] | 1.08 | [0.10, 2.44] | 0.36 | [-0.44, 1.13] | 0.07 | [-0.62, 0.76] | 0.15 | [-0.59, 0.90] |
| $\lambda_3^B$ | 0.63 | [0.02, 1.30] | 0.78 | [0.07, 1.54] | 0.84 | [-0.18, 2.24] | -0.19 | [-1.06, 0.62] | 0.68 | [0.08, 1.34] | 0.82 | [0.16, 1.53] |
| $\lambda_{11}^{AB}$ | -0.56 | [-1.58, 0.23] | -0.15 | [-1.25, 0.81] | -1.73 | [-4.35, -0.10] | 0.61 | [-0.21, 1.65] | 0.78 | [-0.01, 1.79] | -0.42 | [-1.51, 0.50] |
| $\lambda_{12}^{AB}$ | 0.45 | [-0.23, 1.20] | 0.06 | [-0.79, 0.90] | 0.90 | [-0.08, 2.27] | 0.22 | [-0.54, 1.02] | -0.37 | [-1.09, 0.29] | -0.12 | [-0.85, 0.63] |
| $\lambda_{13}^{AB}$ | 0.11 | [-0.51, 0.78] | 0.09 | [-0.63, 0.84] | 0.83 | [-0.18, 2.23] | -0.83 | [-1.72, -0.04] | -0.41 | [-1.06, 0.19] | 0.54 | [-0.10, 1.26] |

表7-3　授業別の机間指導の対象となる学習者の傾向

| クラスサイズ | 時 | 教師 | 直前に机間指導を受けていた児童の隣接 | 机間指導を受ける直前の身体の揺れにともなう周波数の相対的な大きさ | 教師が机間指導対象児を隣接児に移す場合 |
|---|---|---|---|---|---|
| 10人程度 | 第1時 | A | | 他児と同等の児童が受けやすい | |
| | 第2時 | B | 隣接した児童が受けやすい | | 周波数が他児と同等の児童が受けにくい |
| 20人 | 第1時 | B | | 他児と同等の児童が受けやすい | |
| | 第2時 | A | | 他児と同等の児童が受けやすい | |
| 30人 | 第1時 | A | 隣接した児童が受けにくい | 高い児童が受けやすく，低い児童が受けにくい | 周波数が低い児童が受けにくい |
| | 第2時 | B | | 他児と同等の児童が受けやすく，低い児童が受けにくい | |

次に，机間指導を受けた児童の直前の行動にともなう周波数に着目すると，10人程度および20人程度のクラスでは，周波数が相対的に高い，あるいは低い児童ほど机間指導件数が多いという傾向は見られなかった。30人程度クラスでは，一方のクラスでは周波数の高い児童，他方のクラスでは他児と同等の児童に対する机間指導件数が多いといったように，クラス間での傾向の違いが見られる。しかし，机間指導を受ける直前の周波数の低い児童に対する机間指導件数が少ないことが示された。この結果は，30人程度のクラスでは，机間指導を受ける直前の動きが相対的に小さい児童が机間指導を受けにくいことを示唆していると考えられる。

## 3. 机間指導における行動把握

前節で示したのは，特定の1校，2学級を対象に2名の教師が実施した，2時間の実験授業の結果である。そのため，この結果を他の文脈にも適用できるかは，さらに検討される必要がある。

しかし，機械を用いた計測が可能な児童の身体の動きに着目し，授業に参加した児童全員を対象とし，授業時間全体を通じて継続的に計測を行った結果，ある児童の机間指導を受けた直前の状況を，クラス内の児童全員の状況との相対的な差異で把握することが可能となった。そして，この結果から，クラスサイズが一定以上となると机間指導を受ける直前の動きが相対的に小さい児童が机間指導を受けにくいことが示唆された。

教室での授業とは，比較的多い人数の学習者が1つの教室で場を同じくし，教師の指導のもとで，学習者が課題に従事することで，学習内容を理解し，自身の知識を再構成する時間であると言えるだろう。この時間の中で，学習者が課題従事から逸脱した行動をとった場合には，学習内容の理解や知識の再構成がすすまない，いわゆる理解不振の状況にあると考えられる。

机間指導を教師が行う場合には，その必要を即時に判断して実施することとなるが，本章で試みた分析の結果は，クラスサイズが大きい場合，理解不振の学習者の中でも，授業に乗ってこない，おとなしく目立たないといった行動を表す学習者に対する机間指導が手薄になる可能性を示していると考えられる。

山本（2017）は，説明とは理解不振を把握したうえでこれを改善する行為であると指摘している。教室での授業における，説明の前提である理解不振の把握のしやすさは，クラスサイズによって左右され得ると言えるのではないだろうか。

### 教師への提言

　本章で試みた実験授業データの分析で示唆されたのは，クラスサイズが大きい場合，おとなしく目立たない学習者が机間指導を受けにくい可能性である。本章で言うところの大きなクラスサイズとは30人程度であり，日本の多くの学校でよく見られるサイズのクラスである。動きが小さく相対的に目立ちにくい学習者に対しては注意が向きにくく，机間指導が行き届いていないということが，多くの教室で起こっているのではないかと推察される。授業で机間指導を行う際には，理解不振が教師にとって気づきにくい形で表れている学習者も存在することを自覚しながら実施することが，教師に求められるだろう。

### 読書案内

河野　義章（編）（2009）．授業研究法入門——わかる授業の科学的探究——　図書文化　（推薦理由：教室における教師及び学習者の行動を把握するための研究手法が多く紹介されており，教師の空間行動の記録，視線計測，学習者の行動観察などの方法を一覧し理解することができる数少ない一冊である。）

### 文　献

近藤　久史（1988）．机間巡視・個別指導　教職研修総合特集, *45*, 274-279.

下地　芳文・吉崎　静夫（1990）．授業過程における教師の生徒理解に関する研究　日本教育工学雑誌, *14*, 43-53.

山森　光陽・伊藤　崇・中本　敬子・萩原　康仁・徳岡　大・大内　善広（2018）．加速度計を用いた小学生の授業参加・課題従事行動の把握　日本教育工学会論文誌, *41*, 501-510.

山本　博樹（2017）．説明実践を支える教授・学習研究の動向　教育心理学年報, *56*, 46-62.

篠ヶ谷圭太：日本大学

# 第8章 予習・振り返りの視点

　効果的な説明を行っていくうえで，学習者の理解状態を把握することは不可欠である。授業における教師の説明をより効果的なものとするには，予習や，授業後の振り返り活動など，授業の前後の記述をもとに，学習者の理解状態を把握することが有効であろう。たとえば，予習の中で，学習者に問いを生成させておけば，教師はそれを活用しながら授業での説明を展開していくことが可能となる。また，授業後の振り返りシートの中でわかったことやわからなかったことを言語化させておくことで，教師は学習者の理解状態や残された疑問を把握でき，それを次の授業での説明に反映することができる。また，これらの活動は，自らの理解状態を確認しながら学習を深めていくことのできる「自立した学習者」を育成するうえでも重要である。本章では，予習や振り返り活動をもとに授業を行った実践事例を紹介しながら，理解状態の把握に基づく説明の在り方について述べていきたい。

## 1. 予習をもとにした説明の展開

### [1] 予習の効果

　予習は授業における教師の説明の効果を高めるうえで有効である。予習の効果の理論的な背景としては，先行オーガナイザーが挙げられる。先行オーガナイザーとは，これから学ぶ内容が短く抽象的にまとめられた情報である。オースベル（Ausubel, 1960）は，金属に関する文章を読む前に，金属の性質を簡潔にまとめた文を与えておくことで，その後の文章の理解が促進されることを実証的に示している。こうした知見から，予習を行わせ，説明を深く理解するために必要な知識を事前に与えておくことで，説明内容を深く理解させることが可能になるものと考えられる。たとえば，深い理解を目指し，個々の知識が

なぜ成り立つのかの根拠について説明していくのであれば，事前に教科書を読むことは，授業の先行オーガナイザーとして機能し，授業では教師の説明内容の深い理解が可能になるであろう。

そこで篠ヶ谷（2008）は，中学生の歴史を教える際に，予習を行わせてから説明を行うことの効果を検証した。対象者は，夏休みに東京都の国立大学で開催された5日間の学習講座に参加した中学2年生であり，応募してきた生徒を，説明を聞く前に教科書を5分読む「予習群」，説明を聞いた後で5分教科書を読む「復習群」などに分けて，彼らにとって未習事項である「第一次世界大戦」を教えていった。なお，説明の内容や方法はいずれのクラスも同じになるように，入念にリハーサルを行った。

1日目の授業では，第一次世界大戦の背景となる帝国主義をテーマとし，欧米列強各国の植民地政策（イギリスの3C政策やドイツの3B政策など）について，それぞれの国の産業の特徴と関連づけながら，地図を用いて説明を行った。2日目の授業では，各国の対立状況を踏まえたうえで，セルビアの青年がオーストリア皇太子夫妻を暗殺した「サラエボ事件」をきっかけに，第一次世界大戦が勃発するまでの経緯を説明した。3日目の授業では，当時日本がどのような状況下にあったのか，なぜ第一次世界大戦への参戦を決意したのか，そして，第一次大戦中にどのような動きをとったのかを説明した。また，ロシアで起こった革命に対して，列強諸国がなぜシベリア出兵を行ったのかについても説明した。4日目の授業では，アメリカが当時どのような立場をとっており，なぜ参戦を決意したのかを説明し，第一次大戦終結後の国際情勢の変化について説明した。重要なことは，いずれの授業においても，教科書に記述されている史実をもとにしながら，そうした史実の背景因果を説明し，予習で得られる知識を深められるように説明を行っていることである。

このようにして学習講座を展開し，最終日にこれまでに受けてきた授業内容の理解度を問うテストを実施したところ，教科書に記述されている事件，出来事，人物について，「なぜそのような出来事が起こったのか」「なぜその人物はそのような行動をとったのか」を説明させる記述式のテストにおいて，予習群の方が復習群よりも高い成績を示した。

## ［2］ 予習に基づく説明展開と注意点

上述のように，予習は授業理解を深めるうえで効果的であると言えるが，予習をより有効に活用するには，予習の中で学習者に質問を書き出させるとよい。教科書を一読したうえで，まだわからない点や，説明を聞きたい点を書き出させておけば，教師はそうした記述から学習者の無明を把握でき，授業ではそうした点に関して重点的に説明を行えるようになるのである。

ただし，学習者に自由に質問を生成させると，実にさまざまな問いが教師に提出されることとなり，授業の中ですべての学習者の問いを解消することができなくなるという事態に陥る。こうした場合には，「問いの生成方法」を指導し，授業の中でもっとも理解させたい内容に学習者の注意を方向づけていくことも有用であろう。篠ヶ谷（2013）では，中学生を対象とした学習教室で，予習の段階でどのような点を押さえ，何を問うべきかの指導を行った。具体的には，「何が起こったのか」「誰がどのようなことをしたのか」といった史実を押さえながら教科書を読み，教科書に記述されていない背景因果を問う質問を生成するように指導を行った。その結果，このように質問生成の手順を指導したクラスでは，多くの学習者が予習の中で歴史の背景因果に関する問いを生成し，そうした問いに関する情報のメモを取りながら教師の説明を聞くようになったことが示された。

このように予習を活用し，学習者の理解状態を把握しながら説明を展開するうえでは，「授業で扱う内容を深く理解している状態とはどのような状態であるか」を教師側がしっかりと把握しておくことが重要である。歴史学習の例でいえば，教科書に「ドイツがフランスやロシアと対立を深めた」「第一次世界大戦がはじまるとロシアはセルビアに味方して参戦した」といった記述があった場合，「なぜドイツはフランスやロシアと対立を深めたのか」「なぜロシアはセルビアに味方したのか」などの背景因果を押さえることが，内容を深く理解することであると言える。そうであるからこそ，授業では，こうした史実について，地図などの視覚教材も用いながら，上述のような背景や根拠について説明を展開していくこととなる。当然のことながら，教科書の記述内容を繰り返すだけの説明は，学習者にとって退屈以外の何物でもない。教科書の知識を関連づけていく説明がなされるからこそ，学習者の興味を失わせることなく授業

が行えるようになるのである。

## 2. 振り返り活動をもとにした説明の展開

### [1] 振り返り活動の重要性と問題点

　前節では，予習を活用した理解状態の把握や説明展開の効果について述べたが，こうしたプロセスを2つの授業の間に取り入れることも可能である。近年では，授業で学んだ内容について，何がわかったか，何がわからなかったかを記述する「振り返り活動」が多くの実践で取り入れられており，この「わからなかったこと」の記述には，当然のことながら学習者の無明が示されており，「わかったこと」の記述にも，学習者が誤解している部分が立ち現れていることが少なくない。こうした振り返り活動の記述を活用することで，教師は学習者の無明を把握し，次回の授業での説明展開につなげていくことができるようになる。

　また，この振り返り活動は，日々の学習の質を高めるうえでも非常に重要である。まず，何がわからないかが自覚化されることで，自発的に関連する情報を探索するなど，望ましい学習行動が促されることが期待される。また，学習した内容について言語化することによって，知識の再構成も促される。私たちは教師の説明を一度聞くだけで，内容をすべて理解できるわけではなく，自分は何がわかったのか，内容をどのように理解したのかを言語化することで，頭の中の断片的な知識が関連づけられ，精緻化がなされていくのである。

　しかし，授業後に振り返り活動として「わかったこと」「わからなかったこと」を記述させて提出させても，学習者は往々にして「○○が面白かったです」といった単なる感想を記述するだけにとどまってしまう。このような場合，授業内容と学習者の既有知識の関連づけが行われていないため，上述したような精緻化効果は期待できない。また，「わからなかったこと」としても，授業で聞き逃した点の確認や用語の確認などを行う質問が記述されることが多く，こうした質問も授業で学んだことを深めていくうえではあまり有効とは言えない。

## ［２］振り返り活動に基づく説明展開の効果

　振り返り活動の記述をもとに説明を展開することは，学習者の無明の解消を可能とするだけでなく，先述した問題を解決するうえで有用な手立てとなり得る。学習内容と既有知識と関連づけた感想や質問を，教師が次回の授業時に取り上げて補足説明を行えば，振り返り活動で求められる記述の手本（モデル）を学習者に示すこととなる。学習方略に関する研究では，学習者は授業者の教授行動から目指すべき行動を読み取り，自身の行動を調整することが指摘されている（Nolen & Haladyna, 1990）。そのため，学習者の記述に基づく説明展開には，学習者の振り返り活動の質を高める効果があることが期待される。

　小野田・篠ヶ谷（2014）は，学生の振り返り活動の質を高める方法を明らかにすることを目的とし，２つの大学における「教育心理学」のクラスを，それぞれ「教師応答群」と「読み手追加予期群」に割り当てて，介入の効果を検討している。いずれのクラスでも，90分の授業の最後の10分を振り返り活動に充て，「わかったこと」「わからなかったこと」を記入して提出してもらった。全15回の授業のうち第８回から第11回の授業を介入期間として，２つのクラスで異なるはたらきかけを行った。教師応答群では，振り返り活動の記述のうち，授業内容を日常生活や教育実践場面に当てはめようとしている記述や質問を次の授業の冒頭に毎回２つほど取り上げ，補足説明を行ってからその日の内容を扱うようにした。授業での教師の説明内容と，次の授業の冒頭で取り上げられた記述の対応を表８−１に示す。

　一方で，読み手追加予期群では，振り返り活動の記述が来年度の受講生に公開される可能性があることを伝えた。このような読み手追加予期群を設定したのは，文章産出研究において，「自分が書いた文章を誰が読むのか」という読み手意識（audience awareness）が文章内容に影響することが示されてきたからである（Cohen & Riel, 1989）。振り返り活動で自分が記述した内容が他の学生にも公開される可能性があることを伝えれば，読み手意識が変化し，教師が学生の記述をもとに補足説明を行わなくとも，学習者の振り返りの質が変容することが予想された。

　毎回の授業後に提出される振り返り活動における学生の記述内容を分析したところ，教師応答群では，「Wasonとは人の名前ですか？」といったように，

表 8 - 1　各回の授業内容と次回の授業の冒頭で取り上げた振り返り活動の記述

---

**第 8 回　理科教育**

〈教師の説明〉

　素朴概念の内容について具体例を用いながら説明したうえで，メンタルモデルを重視した教育の重要性について説明

〈取り上げた記述〉

- なぜ 4 歳児は花が脾臓を持っていると判断したのでしょうか
- 図を用いて説明すると分かりやすいなと思いました

**第 9 回　社会科教育**

〈教師の説明〉

　社会的概念の発達過程について説明したうえで，歴史学習において予習やテスト形式が学習に及ぼす効果について説明

〈取り上げた記述〉

- 他の教科でも予習の重要性やテスト形式は変わってくるのでしょうか
- 復習って意味がないのでしょうか

**第10回　国語教育**

〈教師の説明〉

　文章理解のしくみについて説明し，国語教育での工夫として，説明させることの効果やジグソー学習を取り入れた授業実践について説明

〈取り上げた記述〉

- ジグソー学習では担当部分以外の理解は弱いのではないでしょうか
- ジグソー学習以外にも手法はあるのでしょうか

**第11回　英語教育**

〈教師の説明〉

　第二言語習得に関する理論（インプット仮説とアウトプット仮説）について説明し，早期英語教育の注意点や発音指導の効果について説明

〈取り上げた記述〉

- 明示的指導と暗示的指導で文法知識に差が出ない理由はなんですか
- 早くから英語教育を行うことには意味があるのでしょうか

---

　授業で聞き逃した内容の確認や，用語の意味の確認を行う「低次質問」の数が介入前に比べ減少し，授業で扱ったさまざまな知識の関係性を問う質問（例：条件づけと学習の違いは接続時間ですか？）や，授業内容を日常生活や教育実践場面に当てはめようとしている質問（例：自分でアルゴリズムやヒューリスティックスのどちらが良いと判断したり，自覚的に使い分けることは可能ですか？）などの「高次質問」の数が増加した。一方で，読み手追加予期群ではそのような変化は見られなかった。この 2 つのクラスに行った介入の相違点は，授業者が学生の記述を取り上げ，補足説明を行った点である。とくに，この研

究では，主に授業で扱った内容を日常生活や教育実践に当てはめようとした質問を取り上げたが，このような質問を多く扱ったことで，それが望ましい記述の「モデル」として機能し，振り返り活動における学生の記述が変容していったものと考えられる。しかも，実際に質問に対する補足説明を行ったことで，「学生側の記述によって授業者の説明を引き出すことができる」といった効力感を高め，振り返り活動における記述の変容に至ったのではないだろうか。

このように，振り返り活動の記述を取り上げながら説明展開を行うことは，学習内容の理解を深めるだけでなく，理解を深めるうえで効果的な記述を増加させる効果をもっていると言える。授業後に振り返り活動を行わせるのであれば，教師はどのような記述が望ましいのか，そうした記述を促すにはどうしたらよいかについても考慮したうえで実践に取り入れる必要があると言える。

## 3. 予習や振り返り活動に基づく説明から自立した学習者の育成へ

### [1] 効果の個人差とその要因

ここまで，予習や振り返り活動での学習者の無明を汲み取り，授業での説明につなげていくことの重要性とその効果について述べてきた。最後に，こうした工夫を実践に取り入れる際の注意点や，教師が目指すべき方向性について述べておきたい。

まず，上述のような説明展開を行う際には，「効果の個人差」を考慮しておく必要がある。教育実践においては，たとえ効果的であると考えられる介入を行っても，すべての学習者に同様の効果がもたらされるわけではなく，性格や能力といった学習者の特性によって個人差が生じる（Cronbach, 1987; 南風原, 2011; 並木, 1997）。

たとえば，前節の小野田・篠ヶ谷（2014）では，振り返り活動の記述に教師が応答することで，学習者の記述の質が変容することが示されたが，この効果は，学生がそもそも振り返り活動をどのようなものとして考えているかによって異なることも明らかにされている。振り返り活動に対する考え方には，内容記憶志向（授業内容を記憶するため），記述訓練志向（書き言葉で自分の考え

を表現する練習のため），理解度伝達志向（自分のわからなかったところを先生に伝えるため），私的交流志向（自分の気持ちを先生に理解してもらうため）などがあるが，小野田・篠ヶ谷（2014）では，私的交流志向が低い学習者の場合，教師が応答することによって質の高い質問の数が増加していた。逆に言えば，教師と私的な交流をするために振り返り活動を利用している学習者の場合，教師が期待したような変化は見られなかったのである。

　また，前出の篠ヶ谷（2008）でも，予習をもとにした説明展開の効果が，学習者の意味理解志向によって異なることが報告されている。意味理解志向とは，学習において知識のつながりの理解を重視する姿勢である。篠ヶ谷（2008）では，予習をもとに説明を展開した場合，意味理解志向の高い学習者，すなわち，「勉強では知識同士の関連を理解することが大切だ」といった考えをもつ学習者の授業理解は深まるものの，そうした姿勢が弱い学習者の場合，期待されるような効果が生じていなかった。学習理論の SOI モデル（Mayer, 1996）では，他者の説明を聞いて内容を深く理解する際，学習者は，重要な情報を選択し（Selection），体制化し（Organizing），既有知識と統合（Integrating）していると考えられている。意味理解志向の高い学習者の場合，予習で得た知識をもとに，それらを関連づける授業内の情報（例：なぜこのような事件が起こったのか）を選択しながら，知識を統合しているものと考えられる。一方で，知識のつながりの理解を重視しない学習者の場合，たとえ事前に知識を得ていたとしても，授業中の重要な情報の選択がなされず，理解が深まらないのであろう。

### [2] 個人差へのアプローチ

　こうした個人差が生じている場合に，教師はどうすればよいのであろうか。まず考えられる対処方法は，学習者に合わせて働きかけを変えることである。学習に対する考え方や振り返り活動に対する考え方によってはたらきかけの効果が異なるのであれば，同じような考え方を持つ学習者を集めてクラスを構成し，各クラスに適したはたらきかけを行えばよいであろう。しかし，教師が学習者に合わせて指導アプローチを変えていては，生涯にわたって効果的に学び続けていくことのできる「自立した学習者」を育成することはできない（市川，

1995)。私たちは，学校教育を終えても必要な情報を自分で収集しながら，知識やスキルを身に付けていかなければならず，そこにはもはや，自分の考え方に合わせて説明を変えてくれる「教師」など存在しない。重要なことは，学校教育の中で，他者の説明を含むさまざまな情報リソースを活用しながら，自身の理解を深めていく「学ぶスキル」を身に付けることである。その際には，篠ヶ谷（2013）における「問いの生成方法」のように，理解を深めるための手順を直接指導していくことが重要な役割を果たす。他者の説明を聞く際には，事前に関連する知識を押さえ，自身の疑問点を把握しておく必要がある。また，説明を聞いた後には，何がわかったか，何がわからなかったかを振り返り，わからなかった部分については，再度学習を行うことが求められる。予習や振り返りを活用して無明を汲み取りながら説明を展開することは，学習者が自らの理解を自ら深めていく力を身に付けるための最初のステップであることを，教師は押さえておくべきであろう。

### 教師への提言

2000年代に沸き起こった学力低下問題をきっかけに家庭学習の重要性が再認識されるようになったが，教育現場で児童・生徒が取り組んでいる宿題には，学習習慣を確立させるために行われているものも多く見受けられる。しかし，児童・生徒の日々の学習は，授業と，授業外の学習が交互に繰り返されることで，徐々に深まっていくものである。その際，予習や復習といった宿題，授業後の振り返り活動における記述から学習者の無明を把握し，授業での説明展開につなげることは，授業内・授業外の学習を有機的に接合させるうえで重要な役割を果たすであろう。第3節でも述べたように，事前に情報を収集したうえで，その後の学習に向けて問いを生成するスキルや，説明を聞いた後に自身の理解度を振り返り，必要な情報を収集していくスキルは，生涯にわたって学び続けていくうえで不可欠である。学習指導を行う際には，学習者自身に学ぶスキルを身に付けさせることをつねに念頭に置きながら，予習や振り返り活動と授業を連動させた，効果的な説明を展開していただきたい。

## 読書案内

自己調整学習研究会（2013）．自己調整学習——理論と実践の新たな展開へ—— 北大路書房
　（推薦理由：自己調整学習に関する理論を体系的に解説しているだけでなく，自立的な学習
　者を育成するための具体的な指導方法も扱われており，教育実践に関わる方には参考になる
　ことが多いのではないかと思われる。）

## 文　献

Ausubel, D. P. (1960). The use of advance organizers in the learning and retention of meaningful verbal material. *Journal of Educational Psychology, 51,* 267-272.

Cohen, M., & Riel, M. (1989). The effect of distant audiences on students' writing. *American Educational Research Journal, 26,* 143-159.

Cronbach, L. J. (1987). Statistical tests for moderator variables: Flaws in analyses recently proposed. *Psychological Bulletin, 102,* 414-417.

南風原 朝和（2011）．量的研究法（Vol. 7）東京大学出版会

市川 伸一（1995）．学習と教育の心理学　岩波書店

Mayer, R. E. (1996). Learning strategies for making sense out of expository text: The SOI model for guiding three cognitive processes in knowledge construction. *Educational Psychology Review, 8,* 357-371.

並木 博（1997）．個性と教育環境の交互作用——教育心理学の課題—— 培風館

Nolen, S. B., & Haladyna, T. M. (1990). Personal and environmental influences on students' beliefs about effective study strategies. *Contemporary Educational Psychology, 15,* 116-130.

小野田 亮介・篠ヶ谷 圭太（2014）．リアクションペーパーの記述の質を高める働きかけ——学生の記述に対する教師応答の効果とその個人差の検討—— 教育心理学研究, *62,* 115-128.

篠ヶ谷 圭太（2008）．予習が授業理解に与える影響とそのプロセスの検討——学習観の個人差に注目して—— 教育心理学研究, *56,* 256-267.

篠ヶ谷 圭太（2013）．予習時の質問生成への介入および解答作成が授業理解に与える影響とそのプロセスの検討　教育心理学研究, *61,* 351-361.

# 第Ⅲ部

# 「無明」を「明」に改善する説明力

# 第9章
# 口頭の説明力

岸　学：東京学芸大学

　「口頭で説明する」という状況は，学校教育だけでなく，社会活動で頻繁に生じている。しかし，生起の多さに反比例して，そのメカニズムや指導法に関する研究アプローチは，文章での説明より少ないのが現状である。本章のねらいは，学校教育で必要な「口頭説明力」の向上を目的として，さまざまな知見とアプローチを解説することである。

　学校教育場面での口頭説明力の向上には2つの側面がある。教師の口頭説明力と，児童生徒の口頭説明力向上を意図したさまざまな手立てやしかけの検討である。前者は，教室場面での口頭説明技能の特質を理解し，どのような留意点があるかを明らかにする。後者の児童生徒については，技能向上を支える基礎研究が十分でないのが現状である。その中で，聞き手意識に着目した課題設定と，非連続型テキストの説明を中心としたプレゼンテーション練習の2つを提案する。

## 1. 口頭説明力の向上に影響する要因は？

### [1] 口頭で説明を行う機会は？

　2018年度より，新しい学習指導要領が順次スタートし，すべての教科等で資質・能力の育成が本格的に始まってきている。それとともに，授業のすすめ方は，プロジェクト学習（Project Based Learning: PBL）形式やフィールドワークなどに代表されるように，主体的，対話的で深い学びを実現できるような，調べてディスカッションをしてプレゼンテーションを行う活動が中心になっている。伝統的な形式である，教員が講義で話し続け，それとともに板書や画像・映像を呈示し続ける授業は少なくなってきているようである。

　それでも，OECD による2018年 TALIS 調査の結果（国立教育政策研究所，

2019）によると，日本で，「生徒を少人数のグループに分け，問題や課題に対する合同の解決法を出させる」という指導法をよく実践している中学校の教員は44.4%で，調査した48ヵ国の平均よりも未だ8.3ポイント低かった。このことは，今後，グループで協働して問題を解決したり，多数のアイディアを提案するようなタイプの授業がますます増加する可能性があることを予測させるのである。

　では，教師が口頭で説明を行うことの重要性やその機会は急減していくのだろうか。そのようなことはない。逆である。口頭「のみ」で知識を説明していく授業は減っていく。一方，児童生徒の学習活動をガイドし，手順や段取りを伝え，成果をまとめて，それを発展させて，新たな方向づけを行う，という多彩な説明を「即座に口頭で」行う高度なスキルが要求される授業が増えるのである。このことは何をどのように説明するかをあらかじめ準備し，シナリオを用意して実施できた講義タイプの授業から，児童生徒のニーズに対する即応性と的確な伝達力が鍵となる授業へと転換しなければならないのである。

## [2] 口頭による説明の特徴は？

　情報伝達の場面では，情報の送り手側から見たとき，「話す」と「書く」の手段がある。説明を行う場合では，「話す」は発話による口頭説明，「書く」は文書や画像などによる筆記説明になる。心理学では「話す」と「書く」をまとめて産出（production）と呼ぶ。ちなみに，受け手側では「聞く」と「読む」をまとめて理解（comprehension）と呼んでいる。

　口頭で説明するのと筆記で説明するのとで共通する点は，まず，説明としての必要十分条件である「正確さ」と「わかりやすさ」を満たすことである。異なる点は，説明者（話し手・書き手）と学習者（聞き手・読み手）との間の関係やコミュニケーションのしかたである。比留間（2002）では，説明活動を研究するにあたり，口頭説明と筆記説明とがどのように違うのかをまとめており，さまざまなモデルを紹介しながら両者の特徴を明らかにしている。また，岸（2007）では，説明活動の中で，口頭説明と筆記説明の違いを次の4点にまとめている。

　　① 口頭説明では聞き手の対象や人数がはっきりしているが，筆記説明で

は不特定多数が聞き手となることが多い。

　② 口頭説明では，説明に対して即座に質問・確認ができる。説明者も聞き手の理解を確認しながら発話を選ぶことができる。

　③ 口頭説明では，説明者と聞き手とのやりとりの中で，役割が交替することもある。

　④ 口頭説明は，最初から記録を残そうと思わない限り記録が残らない。また，話し手と聞き手とのやりとりが自由であれば，まったく同じ説明が多数の人に繰り返されることは少ない。

### ［3］口頭によって説明する情報のタイプは？

　このような口頭説明の特徴は，もう一つ重要な側面，すなわちどのようなタイプの情報を説明するのかによっても，大きく様相が異なってくるのである。

　図9-1は，岸（2008）で示された文書の分類を，口頭説明と筆記説明に適合するよう改変したものである。縦軸は，そもそも説明で何を伝えるかの次元

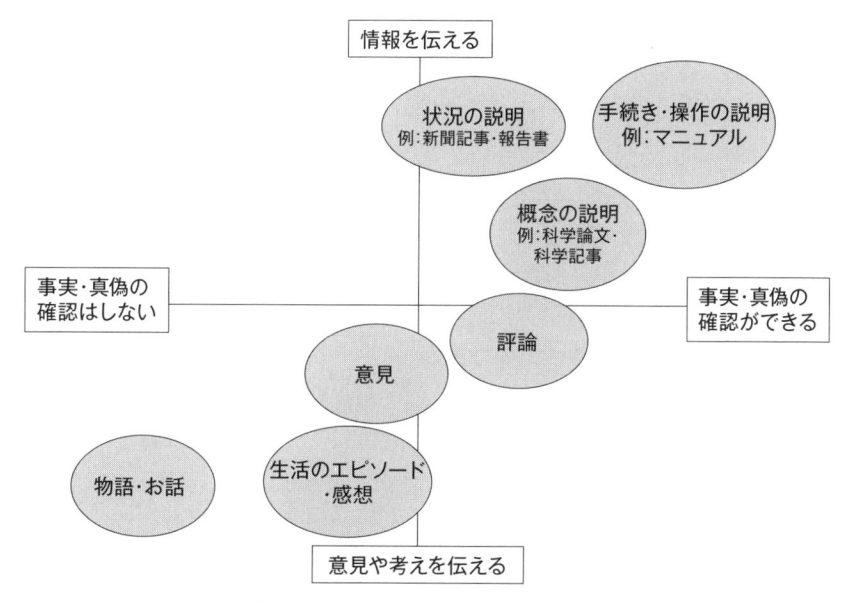

図9-1　伝達する情報の特徴からみた分類（岸，2008を改変）

で，情報を伝えるのか意見や考えを伝えるのかである。横軸は事実・真偽の確認ができるかの次元で，正しく説明することが必須の場合と，物語やエピソードのように虚構である，もしくは正しさが判断できない場合がある。この図をもとに，どのようなタイプの情報を説明するかによって重視される要件が異なることを確認していただきたい。また，多くのケースで，説明とは図の第Ⅰ象限の場合が多く，正しさと正確さが必須の手続きや操作の説明，どのような出来事が起こったかを正確に伝える状況説明，科学論文などの事実や概念を正確に説明するものがこの象限に含まれる。口頭説明にあてはめると，①の聞き手がどのような人なのかを特定できる状況，②の即座に質問や確認が実施できる状況，の違いによって，どの程度事実や真偽が確認しやすいか，どの程度正確に伝わるのかの程度が大きく変わってくるのである。

　情報のタイプとしてもう一つ重要なのは，情報の送り手と聞き手との先行知識の程度である。教員が児童生徒に何らかの情報を説明するとき，ほとんどの場合は教員が児童生徒よりも理解度が高く先行知識も圧倒的に豊富である。一方，児童生徒が教員に対して説明するときは，教員の方の先行知識が多いことを前提にして説明を行っている。このことは当然のように受け取られているが，説明をつねにこのような条件下でのみ行っていると，そうでないタイプの説明，すなわち教員が自身より先行知識が豊富な相手に説明する，あるいは児童生徒が年少の相手に対して説明する，というときに，うまく対応できない可能性が出てくるのである。

## 2. 教師の口頭説明力を向上させるには？

### [1] 教師の説明はきわめて上手である

　筆者は，取扱説明書や技術文書の作成者であるテクニカルコミュニケーター向けのガイドブックにて，説明力向上のポイントとして「教師の説明を参考にする」ことを推奨した（岸, 2008）。そこでは，教師の説明技能について，口頭で，子どもの顔を見ながら臨機応変に言い方や説明順序を変えていくのは驚異の技能であり，教育実習生と比べるとその違いは歴然である，と紹介した。さらに，あるベテランの教師の言として，「授業での説明を考えるとき，基本

は，『何を説明するか』ではなく，『何を説明しないか』を考える。余計なことを言うと大混乱し，知らない用語を使うと授業がストップする」も紹介した。

　では，具体的にどのような技能が上手な説明を行うための要素なのだろうか。この点について，古くは，ブラウンとアームストロング（Brown & Armstrong, 1984）が述べた授業に必要な説明技能の紹介と，それに基づき岸（2008）が紹介した，説明を書くのに必要な技能のまとめがある。ここでは，さらにそれらを基に，口頭説明に必要な技能要素を次の５点のように考えてみる。

　① 明確さ：用語を手がかりにして情報を伝えていくので，相手が知っている用語で知らない用語を説明していく。用語の意味が変わらないよう注意する。

　② 強調と興味：強調，ジェスチャー，抑揚，繰り返しを有効に使い，重要な部分，注意する部分をはっきりと示す。説明が長くなると興味が薄れてくる。

　③ 事柄の使用：操作手順などの説明では，具体例と失敗例とをあわせて示す。

　④ 組織化：説明の順序に配慮する。重要な内容，トピックとなる用語を最初に伝える。説明と説明をつなぐ接続語を必ず伝え，接続語を発した後はわずかに間合いを空ける。

　⑤ フィードバック：聞き手が自分の理解を確認できるような質問，問いかけ，あいづち，振り返りの促しなどは大変有効である。一方的で，単調な説明にならないよう心がける。

　もちろん，口頭説明の技能が向上する要因には，当然ながら経験の積み重ねが大きいが，ただ単に時間が経過すればよいわけではなく，わかりやすい説明をつねに意識化することが重要であると考える。


## ［2］ それでもうまく説明できないこともある

　教師の説明は上手である，という認識に立ったうえで，それでも説明がわかりにくい場合の例と原因をまとめているのが佐藤（2018）である。論文では，主に授業内で説明がわかりにくくなる原因とその具体例，そしてその理由につ

いて，豊富な授業参加経験をベースにまとめており，きわめて有用性の高い説明になっている。

　佐藤（2018）は，授業での説明のわかりにくさの原因を，①情報が不足している，②情報が過剰である，の２つの側面に分類している。そして，①の不足のケースとして，1)抽象的，曖昧な表現，2)意図や理由を説明しない，を挙げ，それぞれ具体例（「よく見直そう」「振り返りましょう」「問題は３回読んで解けたら別のやり方で」など）を示している。②の過剰のケースとしては，1)詳しすぎる，2)ビジュアルに凝る，3)教科書の図表，を挙げ，同様に具体例（「随筆とは」「映像だから大丈夫」「複雑な図表」など）を示している。さらに，情報不足あるいは情報過剰の背景にある要因についても考察を加え，それぞれの対応方法について詳細な検討を加えており，説明，あるいは口頭説明のわかりにくさを解明するための必須の情報と言えよう。

### ［3］説明を行う人をタイプ分類すると

　口頭説明に必要な技能は何か，説明がうまく伝わらないのにはどのような原因があるかを紹介してきたが，次に，説明をする人間の側の特徴について見てみよう。

　岸（1992）では，口頭と筆記の説明者のタイプ分類を行い，上手な説明者の

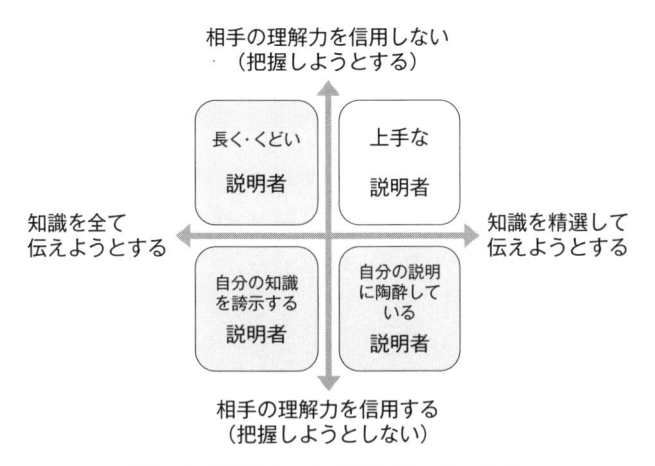

図 9 - 2　説明者のタイプ分類（岸，1992を改変）

特徴を明らかにしたが，図9-2では口頭説明に特化して，説明者のタイプ分類を試みた。分類の縦軸側の観点は，聞き手の理解力を信用するかどうかである。理解力を信用しないということは，相手を把握しようとする。説明の場合は，相手を信用しないことがよい説明者である。口頭説明の場面で，聞き手の状況を確認することの重要性は，福屋ら（2015）の研究，あるいは伊藤・垣花（2016）で指摘されており，相手の把握の適否の問題がますます重要になろう。一方，横軸側の観点は，知っている情報を全部話そうとするのか精選して話すのかである。自分が知っていることを全部話すのは，時間さえあれば誰でもできる。必要な技能は，制限された時間内で，相手に合わせて，自分の知識の説明を自由にコントロールできるかどうかである。

　この縦横軸で4つの象限に分けたとき，「上手な説明者」は第Ⅰ象限（右上）で，聞き手の状況を把握しながら，相手の知識や理解に合わせて説明をコントロールできる人である。最悪なのは第Ⅲ象限（左下）で，たとえば成人の聞き手に対して，「～はご存じだと思いますが～」「このくらいは常識ですよね」などと言いながら，専門用語，原語，略語をちりばめ，しかも自分の博学を顕示するように無秩序に全部をしゃべろうとするタイプである。聞き手が児童生徒ならますます悲惨な状況になる。第Ⅱ象限（左上）は，相手の知識や理解力を信用しないので，質問を繰り返し，とにかく全部話そうとするタイプである。時間を無視して延々と説明する，同じ話を何度も繰り返す，という特徴がある。第Ⅳ象限（右下）は，Ⅱ，Ⅲほど問題はないが，自分の説明を上手と思っている様子で，格調高い表現や流れるような論理で説明を進行させるが，聞き手はさほどよくわからないと感じることが多いケースである。

　このような分類がすべてにあてはまるわけではないが，「上手な説明」の実体を捉えやすくするためにⅡ，Ⅲ，Ⅳとの対比で考えるという視点を提案してみた。

## 3．児童生徒の口頭説明力を向上させるための取り組みは？

　児童生徒の口頭説明力を向上させるための取り組みとして，聞き手（読み手）意識（audience awareness）と，図表を使ったプレゼンテーション練習と

を提案する。

## [1] 聞き手（読み手）意識

　聞き手意識とは，説明の聞き手に関する情報を抽出・利用し，それに合わせた説明内容と方法を選択することである。授業で，「相手の立場になって，相手を意識して説明しましょう」という指導が行われ，その有効性は認識できる。しかし，それができない児童生徒に対して具体的にどのような指導を行ったらよいかは，なかなか難しい課題である。

　児童生徒について，聞き手ではなく読み手意識すなわち筆記説明の発達に関してはいくつか研究がある。その一つに，岸（2009）によって，小学2〜6年生を対象にした校内道順案内文の作文とその分析研究がある。児童が書いた文章の読み手を幼稚園児と授業参観に来る祖母とに設定したとき，児童の作文表現が異なるかを分析した結果，小学5年生段階で，相手に応じた書き分けがいろいろな表現で明確に出現していた。この研究は読み手意識（筆記説明）であったが，どのような相手に情報を伝えるのかを明確に示すことによって，聞き手意識すなわち口頭説明の場合でも，相手に合わせた説明表現の使い分けを意識しやすくなると予想できる。

　聞き手（読み手）意識に関しては，意識の程度をとらえる指標として「読み手意識尺度」作成が試みられているが（岸ら，2014），対象は大学生以上であり，児童生徒用の尺度開発が待たれる。

## [2] 図表を使ったプレゼンテーション練習

　**1）プレゼンテーションの設定**　　この練習には2つの要素が含まれている。1つはプレゼンテーション練習である。プレゼンテーションはPBLの結果のまとめ，フィールドワークの成果報告など，さまざまな授業で活用されているが，口頭説明練習としてのポイントは，第1節の［3］で述べた，知識量の差を設定することである。説明者よりも知識や情報を知っている聞き手に説明しても練習にはならない。児童が先生にプレゼンテーションをしても児童の技能はあまり向上しないのである。明らかな知識量の差がある状況を設定すること，たとえばグループごとにまったく異なる内容のプレゼンテーション，年

少者に対するプレゼンテーション，文化が異なる相手に対するプレゼンテーションなどの状況が，スキル向上に貢献すると思われる。

**２）図表を使って説明すること**　　もう１つは図表の説明練習である。OECD による PISA の学力調査がスタートして以来，文章と図表とを混在させた文書（非連続型テキスト：non-continuous text）の理解が注目されてきた。注目の理由は，それまで，文章に図表が付加されれば，誰もが同じように図表を参照し，誰もが理解が向上すると思っていたのが，実はそうではなかったことにある。つまり，文章と図表から情報を読み取り，両者を統合して理解するには適切な学習や指導が必要なのである。また，非連続型テキストで図表を参照する程度は，作業記憶（WM）容量で規定されることも示されている（詳細は，岸, 2010参照）。さらに，中村・岸（2014）では，非連続型テキスト読解時の眼球運動分析から，小学３年生では図表のレイアウトやサイズやキャラクターなどによって参照順序が規定されることを明らかにし，重要な図を選ぶ，図の重要な部分を「読む」というレベルの練習から始めなければならないことがわかってきている。

　図表を呈示して，それを説明する，という課題を考えると，文章とちがい，図表はどこからでも説明できるという自由度の高さが特徴である。そのことは，たとえばプレゼンテーションの状況で，相手に合わせて図表を説明する練習，あるいは図表の説明順序を変える練習などは，口頭説明で重視されるいろいろな技能を総合的に学習できる課題として有効であると思われる。

### 教師への提言

　学習指導要領の方向性が，思考力・判断力・表現力，さらには学びに向かう力，人間性の育成へと舵を切り，主体的・対話的・深い学びを通じてこれらの力を育成していくことなってきた。このことは，各教科等の知識・技能を教師が体系的に順序よく教えていくという姿から，知識・技能の習得を手がかりにして，思考力・判断力・表現力の育成を組み込む，という形の授業になることを意味する。すなわち，教員の役割は，授業の中で，思考力・判断力・表現力の育成をガイドするようなはたらきかけを行っていくことになる。これまでどおり，授業前に，課題・発問・予想される児童生徒の活動のプランを立てるこ

とに加えて，児童生徒の学習活動に臨機応変で即応していく説明技能が必要になるようである。

## 読書案内

岸　学（編著）(2008)．文書表現技術ガイドブック　共立出版（推薦理由：本書で参照される認知心理学，教育心理学関係の書と異なり，文書や取り扱い説明書や Web マニュアルなどを製作するテクニカルコミュニケーターを読者対象にした内容に特化している。本書の他章では読むことができないような情報が多数掲載されている。）

## 文　献

Brown, G. A., & Armstrong, S. (1984). Explaining and explanations. In E. C. Wragg (Ed.), *Classroom teaching skills* (pp.121-148). London: Croom Helm.

福屋 いずみ・吉川 基・舩越 咲・山根 嵩史・田中 光・森田 愛子（2015)．説明者による状況確認が口頭説明のわかりやすさに与える影響　広島大学心理学研究, 15, 203-213.

比留間 太白（2002)．よい説明とは何か──認知主義の説明研究から社会的構成主義を経て──（pp.11-40）関西大学出版部

伊藤 貴昭・垣花 真一郎（2016)．説明行為における聞き手の理解状況に対する推論と説明内容の関係　読書科学, 58 (1), 17-28.

岸　学（1992)．上手に読み，書き，聞き，話す　磯貝 芳郎（編）上手な自己表現（第 5 章, pp.81-99）有斐閣

岸　学（2007)．産出と理解のプロセス　比留間 太白・山本 博樹（編）説明の心理学──説明社会への理論・実践的アプローチ──（第 2 章, pp.24-37）ナカニシヤ出版

岸　学（2008)．文書とは何か？　岸 学（編著）文書表現技術ガイドブック（第 1 章, pp.1-17）共立出版

岸　学（2009)．適切な説明表現を支援するための教授介入　吉田 甫・エリック ディコルテ（編著）子どもの論理を活かす授業づくり──デザイン実験の教育実践心理学──（第 9 章, pp.127-142）北大路書房

岸　学（2010)．説明文・マニュアルの理解と表現　楠見 孝（編）現代の認知心理学 3　思考と言語（第 9 章, pp.217-244）北大路書房

岸　学・辻 義人・粟山 香奈子（2014)．説明文産出における「読み手意識尺度」の作成と妥当性の検討　東京学芸大学紀要 総合教育科学系 I, 65, 109-117.

国立教育政策研究所（編）(2019)．教員環境の国際比較：OECD 国際教員指導環境調査（TALIS）2018報告書──学び続ける教員と校長──（p.58）ぎょうせい.

中村 光伴・岸 学（2014)．非連続型テキストを含む文書の読解の様相──小学校 3 年生について──　日本教育心理学会第56回総会発表論文集, 815.

佐藤 浩一（2018)．授業における説明をわかりにくくする要因　群馬大学教育実践研究, 35, 205-216.

山本博樹：立命館大学

# 第10章 教材の説明力

　教師の説明といえば音声に基づく口頭説明を思い浮かべがちである。しかし，教材に説明力を込めることも教師の職務のはずである。ところが，説明力の込められた教材に「する」ことが教師の間で疎んじられ，説明力のない教材が児童生徒（本章では子どもと表記）に提示される傾向さえある。それでは説明力の込められた教材とは何か。本章では，教材に説明力を込めるために教師は「教科の論理」から「子どもの論理」へと比重を移し，子どもによる意味理解の過程を支援する必要があると主張したい。つまり，子どもが意味を理解するために自発的に用いる個性豊かな選択方略，体制化方略，統合方略の支援がポイントだと考える。ここから，子どもの個性豊かな意味理解過程と教材の説明表現（文章表現と視覚表現）とが相互に作用し合い，有効性のメカニズムが作動したときに初めて教材が子どもにはたらきかけ，説明力をもつことを論じたい。

## 1．説明力の宿る教材に「する」には

### [1]「する」教材観

　確かに教師の説明というと口頭説明が浮かんでくるかもしれない。実際その実情を本書の随所で見てきた通りだが，教材を介した説明もまた教師の職務に違いない。ただこの職務が険しいのである。

　教科書といえどもただの「素材」に過ぎないと言われてきた。教師の「こういう子どもに育てたい」という願いに基づいて「素材」が取り上げられ，子どもに働きかけて初めて「教材」になると言うのである（東井, 1979）。この「働きかける」点について，辰野（1992）は，ゲシュタルト心理学者の言う「地理的環境」と「行動的環境」の概念を引いて，「行動的環境」（教材）こそが子ど

97

もに本当に働きかけるのであり，「地理的環境」（素材）はそうしないと言う。この考え方に立って辰野は教材を「教育の目的を達成するために授業や学習に使う材料」と定義し，「使え」なければ無効だと考えた。ところが，一般に教師は何もしなくても教材がもうすでに「ある」と考えがちで，「する」教材観を持ち難いと言われている（稲垣, 1995）。

## [2]「子どもの論理」

　それでは，どのように教材に「する」のか。実は教材は説明から成り立っている。「説明する」（explain）とは字義どおり「説いて明らかにする」言語活動だが（比留間・山本, 2007），これを忘れば，教材に「する」ことなど期待はできない。よくよく考えてみると，説明とは「明らかでない」状態（理解不振）を把握し，これを言葉によって「明らかな」状態（理解）へと改善する支援行為なのだからである（山本, 2017）。

　ここで教師が「明らかでない状態」（理解不振）を「明らかな状態」（理解）に改善しようとする段で，2つの「論理」が関わる。一つは「教科の論理」であり，たとえばアルファベットでは「A」の次に「B」が来るという学問知識そのものである。もう一つは，「子どもの論理」である（吉田, 2009）。これは教科内容（教材）を受け入れる側の心理である。先の「B」は当事者には「13」に見えなくもない。これは一種理解不振であるが，説明は理解不振の把握を前提とするのだから，これを把握するには「子どもの論理」に基づくよりほかはないのである。

## [3]「認識の論理」の重要性

　「子どもの論理」は「生活の論理」と「認識の論理」から成っている。まず「生活の論理」については，山村で「ほんものの学力」を育て上げた東井（1979）によると，子どもの分かり方・考え方だとなる。彼が子どもの生活に根ざした分かり方や考え方を重視したことは有名であり，本物の教育実践者と見なされる所以である。

　次に，「認識の論理」とは，子どもの理解過程についての認識論上の原理である。こちらはピアジェの認知発達理論を淵源とする（Piaget & Inhelder,

1966）。ピアジェの理論はブルーナー（Bruner, 1961）に引き継がれるが，彼は子どもの認知発達に適合するように工夫すれば，どの子どもにも効果的な教材が構築できると言う。この「認識の論理」は今日の教材化のモデルにまで受け継がれていくのである（Lohr & Gall, 2008）。

### ［4］生成過程への注目

「認識の論理」の中でもっとも知られているモデルが，メイヤー（Mayer, 2017）による意味理解（生成学習）のモデルである。このモデルでは，図10-1のように，選択（Selection），体制化（Organization），統合（Integration）の3種類の生成過程を考える。これらの頭文字をとってSOIモデルとも名づけられているが（Fiorella & Mayer, 2015），最近ではこれら3つに動機づけとメタ認知が加えられたモデルとなっている。ポイントは，文章教材でも視覚教材でも子どもが目から入る特定の語や絵に注意を注ぎ（選択），それらを体系化して表象を構築し（体制化），自らの既有知識と関係づける（統合）という生成過程として捉える点である。

このモデルを用いることで，子どもの理解不振が3つの生成過程として解釈できる。たとえば授業で「耳をそばだてている」子どもがいるとする。ここから，音声情報に注意が向きづらいという困りごとが選択過程で生じていると診断でき，そのために「耳をそばだてる」という選択方略（ここでは注意焦点化方略）を自ら生成したと捉えるのである[1]。

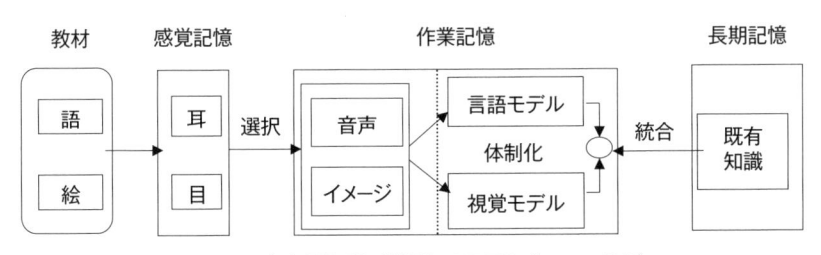

図10-1　意味理解（生成学習）のモデル（Mayer, 2017）

### [5] 学習支援モデルによる教材化

　メイヤーらのモデルに基づくならば，説明力の宿る教材に「する」には，図10-1で示すとおり，3つの生成過程に注目し，子ども自らが生成しようとする3つの理解方略を支援することになる（各方略の例を表10-1に示す）。これを学習支援モデルに基づく教材化と呼びたい。

　一つの例で考えてみたい。高校生では公民科「倫理」で不振が極まるが，概念と概念のつながりを構築する際に不振が認められている（山本・織田，2015）。これは体制化過程での不振ということになるが，この不振に対して高校生の中には有効な体制化方略を自ら生成できる者がいる。その方略の一つが構造方略だ。これは，序論―本論―結論のような最上位構造を把握して読解に用いる方略だが，これを支援対象にすればよいという観点が得られるだろう（この点は次節で再述）。

　そこで次節では，学習支援モデルの観点から，子どもが自発的に用いる3つの方略である選択方略，体制化方略，統合方略を支援する説明表現（文章表現と視覚表現）について考えていきたい。

表10-1　3つの理解方略の例

| 3つの方略 | 例 | 内容 |
|---|---|---|
| 選択方略 | 注意焦点方略<br>読み返し方略 | 重要項目に注意を向ける方略<br>選択のつまずきに気づき，読み返す方略 |
| 体制化方略 | 橋渡し推論<br>構造方略 | 文のつながり（結束性）を構築する方略<br>最上位構造を把握して読解に用いる方略 |
| 統合方略 | 照合<br>関係づけ | 言語モデルと視覚モデルを対応づける方略<br>既有知識と構築した表象を関係づける方略 |

---

1)　1つの生成過程に1つの方略が対応するとは限らない。3つの生成過程にまたがる方略も存在すると，Fiorella & Mayer（2015）はメタ分析に基づいて主張する。Hattie（2011）に基づき効果量（$d$）が0.4以上を有効と見なしたうえで，これに該当する方略として，要約，マッピング，作図，イメージ，自己テスト，自己説明，他者への説明，行為の8つを示している。

## 2. 子どもの理解方略を支援する説明表現

### [1] 選択方略を支援する説明表現

　では，子どもが多用する注意焦点化方略と読み返し方略の2つを取り上げて，それらを支援する説明表現（文章表現と視覚表現）を略述したい。

　**1) 注意焦点化方略**　　注意焦点化方略を支援する文章表現としては重要語の強調が有効である。読み手は教科書の読み始めの数秒間で精読するかしないかを判断するようだ（島田, 2016）。すると，たとえば中学校理科の「植物の世界」の単元を例にとると，早々に子どもが精読しないと決めてしまうと，「植物の特徴」などの重要語句に注意が向かなくなってしまう。こうした不振を解決するために意識的に用いる選択方略が注意焦点化方略であり（McNamara et al., 2007），これを支援するために，重要語を太字などで強調するという趣向である。

　また，子どもが用いる注意焦点化方略を支援するために視覚表現を活用することも可能だろう。たとえば映像表現のズームが該当する。ズームとは遠くから徐々に近づける撮影技術だが，これは子どもが選択的に注意を向けていくことに等しい（中島, 1996）。映像教材を作成する際にズームを取り入れて，重要情報を焦点化すると有効だろう。

　**2) 読み返し方略**　　読み返し方略はつまずきに気づいて修復する自己調整的な方略である。これを支援するためには，単元の終わりに事後質問文を入れることで（Mayer, 2008），「学習の整理」としての役割が期待できる。たとえば，高校日本史の「中世の日本」の単元で，終了時に「鎌倉・室町幕府の政治の特徴と元寇との対外関係を理解しましたか」と入れるのである。以上は事後質問「文」についての提案であったが，映像でも同様の趣向は実現できる。たとえば，マスコットキャラクター（エージェント）を登場させて上記を音声で示せば，読み返し（映像なので見返し）を支援できる。

図10-2　カット技法の例（山本, 1993）（『映像メディアのつくり方』（別冊宝島, pp.103-105）をもとに, 山本が作成）

## [2] 体制化方略を支援する説明表現

　ここでは子どもの橋渡し推論と構造方略を取り上げて, それらを支援する説明表現（文章表現と視覚表現）を略述したい。

　**1）橋渡し推論**　　橋渡し推論は, 命題間のつながり（結束性）を構築する生成過程である（McNamara et al., 2007）。この支援には, 「命題間の関係の明示化」が有効である。深谷（1999）は, 歴史教科書（鎖国下の対外貿易）において, 輸入品と輸出品との「対比関係を明示する語句」を挿入したところ, 推論が高まった。文章表現が奏功した事例である。

　また, 映像表現としては, 図10-2のようなカット技法の利用も有効である（山本, 2013）。カット技法とは「映像の一部を寸断し時間を省略する表現技法」である。Collins（1983）は映像の理解において推論のステップが複数に及ぶと小2の理解を妨げたとしている。ここから低学年に行為を映像で説明する際に, 推論のステップを少なくするようにカット技法を挿入することが有効と考えられる。

　**2）構造方略**　　構造方略に対しては標識化の有効性が期待される。標識化

図10-3　エスタブリッシング・ショットの例

とは見出しや余白化等で構造を強調するメタテキストである（山本ら, 2018）。
国語教科書で意味段落の切れ目を告げる余白行も標識化である。余白行を多く
とり，スペースを空けることで構造が強調できる。映像教材の場合の標識化
は，図10-3のように場面転換を告げるエスタブリッシング・ショット（場面
の全景を示す静止画）の形をとる（中島, 1996）。視聴率の高いアニメではより
多くエスタブリッシング・ショットが挿入され，出現時間が低いアニメより約
2秒長く6秒程度挿入されている（山本, 2013）。小学校低学年に映像を用いて
説明する際には，エスタブリッシング・ショットを挿入することで説明の流れ
が理解しやすくなるだろう。

### ［3］統合方略を支援する説明表現

　ここでは子どもが頻繁に使う照合と関係づけを取り上げて，それらを支援す
る説明表現（文章表現と視覚表現）を略述したい。

　**1）照　合**　　教科書に書かれた命題を保持する際には読み手の作業記憶の
負担は高まるから，本文を絵より先に提示すると，逆の提示順より，照合が困
難になる（Kulhavy, Stoch, & Caterino, 1994）。図10-1で見たように，言語モ
デルの要素（文）と視覚モデルの要素（絵）を対応づける際に困難をともなう
からである（Schnotz, 2005）。この対応づけが照合と呼ばれるのだが，たとえ

ば，中学校理科の「光の屈折」を解説する文章表現の前に，コップに差し込む光が屈折する視覚表現（例：写真）を示す方がよい。

**２）関係づけ**　　子どもの関係づけを支援するもっとも有名な文章表現が先行オーガナイザー（学習に先だって与える抽象的な情報）である（Ausubel & Fitzgerald, 1961）。これは長期間の保持にも有効である（Hattie, 2011）。たとえば，高校「倫理」教科書で学ぶ「悪人正機説」の「悪人」を理解する際には，生徒がすでに持っている通常の意味での悪人についての知識（たとえば「法律違反者」）を活性化しつつ，両者を関係づける必要がある。このときに両者の異同を示す概説文（例：「『悪人正機説』の『悪人』は『法律違反者』ではないよ」）が有効である。

　また子どもの関係づけを支援するためには特定の映像表現も有効である。興味深い例として歴史の映像教材で用いられる回想シーンに着目してみたい。回想シーンはしばしばアニメで多用されるが（青山, 2002），これにより見てきた内容（過去）と今見ている内容（現在）との関係づけが支援できるからである。

## 3．子どもの個人差に応える教材の説明力

### [1] 説明表現の有効性と境界条件

　以上で述べたように，確かに文章表現や視覚表現を駆使し説明表現を用いることで，3つの理解方略を支援でき，子どもの意味理解は高まると期待できるだろう。しかし，最後になって問うのも気が引けるが，「本当に」そうなのだろうか。

　実は，上記で述べてきた文章表現や視覚表現などの説明表現がもたらす効果は個人差が捨象された効果であり，統計学がいう，いわゆる主効果に過ぎないのである。要するに，媒介する理解方略の影響が捨象されているわけだ。もとより，方略とは主体的な操作ゆえにどうしても個人差が介在してしまうのに，また，方略という発想には個人差重視の思想が込められているはずなのに，個人差を排除するという誤謬を犯しているとも言える。

## [2] 境界条件を狙う研究

　上記について，もっとも研究のすすんでいる標識化効果を例に解説したい。すでに子どもの構造方略を支援するためには標識化（たとえば見出しや余白行）で説明文の構造を強調すればよいと述べたが，実はそうしてもすべての子どもに効果は発現はしない。なぜなのか。一つの考え方は，標識化効果が発現するのは，「構造方略を持つが自発的に使えない者（産出欠如者と言う）」に限り有効であり，構造方略を本当にもたない者（媒介欠如者と言う）では無効だし，自発的に使用できる者（熟達者）には無用だからである（山本ら，2018）。けれども，現状の教科書では無考慮に標識が多用されているだけで，高校生以下の児童や生徒にどのような効果が及んでいるかを必ずしも検証してはいない点が問題である。

　こればかりではない。現下の生涯学習社会では高齢者による学習参加の風潮は高まる一方だが（たとえば二部中学校），彼らに標識を用いる際には留意すべきである。なぜなら高齢者さえも生徒なのであり，彼らにおける構造方略の使用は，言語能力，認知的加齢，教育歴，方略教授訓練などさまざまな媒介要因の影響を受けるため，これに応じて標識化効果の現れ方も異なるからである。なお，こうした高齢者の個人差による効果の違いは他の説明表現でも見受けられる（山本，2009）。

　以上から得る教訓は，児童生徒の個人差（特に方略使用の差）によって，ある条件の下では説明表現の効果が高じ，ある条件の下では効果が減じる可能性があるという点である。だからこそ，説明表現がもたらす効果については，その境界条件（効果が生じる条件）とは何かを，学習者条件，教授内容，分析測度，学習文脈等に着目してエビデンスベースで研究する必要があるのだ（Mayer, 2017）。

## [3] 個人差による調整効果

　本章の冒頭で，説明とは「明らかでない」状態を前提とすると述べたが，この「明らかでない」状態（理解不振）は子どもの個人差によって規定されているのだ。たとえば語彙の乏しい子どもには，語彙不足に由来する理解不振が想定される。すると，理解不振を引き起こすすべての個人差が媒介して，説明表

現の効果が高じたり，減じたりすることになる。ここで，効果の方向性と大きさが個人差により変化したときに個人差による効果の調整が生じたというが，実は教材の説明力は調整効果の賜であると言える。

　このように考えていくと，子どものことを願い，有効と信じ込んで提供した説明表現が逆に子どもの理解を妨げるという不幸が起こってしまうことも予測できる。実際，先のとおり教科書の見出しは子どもの理解を願って提供しているはずだが，理解が減退する場合がある。また，知識が乏しい初心者には視覚表現が有効だと考えて提示すると，知識を多く持った熟達者にはむしろ理解の妨げになる。いわゆる，熟達者反転効果である（Kalyuga, 2014）。本章の冒頭で，「説いて明らかに」しないのなら，それを説明と呼ぶわけにはいかないと諫めたが，これらは説明とは呼べないことになるのである。意欲的な教師には残酷な事実が突きつけられるのである。

　しかし，である。それでも，その教師には教材に説明力を込める努力を続けて欲しいと強く願わざるをえない。その際には，本章で述べた教材の学習支援モデルを活用して欲しい。このモデルに基づいて採用した説明表現と，子どもの個性豊かな意味理解過程とが相互に作用し合い，有効性のメカニズムが作動したときに初めて，作成した教材が子どもにとっての力強い支援と変わり，説明力が宿るはずだからである。


### 教師への提言

　教材に説明力を込めることは教師の職務のはずである。なぜなら，自宅に帰っても子どもの学びは続き，そこには教材の説明力が必要だからである。一人で宿題や予習・復習をする際にはなおさらである。こう気づいた教師は自作教材を作ろうとし，そこに説明を込めることを職務だと自覚するのである。本章では，教師が職務を遂げるための基本を述べた。繰り返しになるが，以下の諸点を大事にして欲しい。

①「教科の論理」から「子どもの論理」へと比重を移し切ること
②子どもの意味理解の生成過程に注目し，これを支援すること
③選択，体制化，統合の各方略を支援する説明表現を用いること

　この一方で，実は教材の説明力を高めるには，子どもの個人差に基づく有効性のメカニズムを作動させなければならず，これが至難であることも押さえておきたい。ただし至難ではあっても，これを果たして子どもの喜びをともに味

わうことができるのは，その子と出遇った「あなた」だけだという点にも気づいて欲しい。

## 読書案内

Mayer, R. (2017). Instruction based on visualizations. In R. Mayer & P. Alexander (Eds.), *Handbook of research on learning and instruction* (2nd ed., pp.483–501). New York, NY: Routledge.（推薦理由：本論には Mayer の教材化への思いがコンパクトにまとめられている。ここから教材化の学習支援モデルのエッセンスを学んで欲しい。彼の思いが「世界図絵」を考案したコメニウスに通じているところが読み取れて，たいへん興味深い。）

## 文　献

青山 征彦（2002）．映像と理解　高橋 秀明・山本 博樹（編）メディア心理学入門　学文社

Ausubel, D., & Fitzgerald, D. (1961). The role of discriminability in meaningful verbal learning and retention. *Journal of Educational Psychology, 52*, 266–274.

Bruner, J. (1960). *The process of education*. Cambridge, MA: Harvard University Press.

Collins, W. (1983). Interpretation and inference in children's television viewing. In J. Bryant & D. Anderson (Eds.), *Children's understanding of television: Research on attention and comprehension* (pp.125–150). New York, NY: Academic Press.

Fiorella, L., & Mayer, R. (2015). *Learning as a generative activity: Eight learning strategies that promote understanding*. New York, NY: Cambridge University Press.

深谷 優子（1999）．局所的な連続性を修正した歴史テキストが学習に及ぼす影響　教育心理学研究, *47*, 78–86.

Hattie, J. (2011). *Visible learning: A synthesis of over 800 meta-analyses relating to achievement*. New York, NY: Routledge.

比留間 太白・山本 博樹（2007）．説明の心理学——説明社会への理論・実践的アプローチ——　ナカニシヤ出版

稲垣 忠彦（1995）．授業研究の歩み　1960-1995年　評論社

Kalyuga, S. (2014). The expertise reversal principle in multimedia learning. In R. Mayer (Ed.), *The Cambridge handbook of multimedia learning* (2nd ed., pp.576–597). New York, NY: Cambridge University Press.

Kulhavy, R., Stock, W., & Caterino, L. (1994). Reference maps as a framework for remembering text. In W. Schnotz & R. Kulhavy (Eds.), *Comprehension of graphics* (pp.153–162). New York, NY: Elsevier Science.

Lohr, L., & Gall, J. (2008). Representational strategies. In J. Spector, M. Merrill, J. Merriënboer, & M. Driscoll (Eds.), *Handbook of research on educational communications and technology* (3rd ed., pp.85–110). Mahwah, NJ: Lawrence Erlbaum Associates.

Mayer, R. (2008). *Learning and instruction* (2nd ed.). Upper Saddle River, NJ: Prentice Hall.

Mayer, R. (2017). Instruction based on visualizations. In R. Mayer & P. Alexander (Eds.), *Handbook of research on learning and instruction* (2nd ed., pp.483–501). New York, NY: Routledge.

McNamara, D., Ozuru, Y., Best, R., & O'Reilly, T. (2007). The 4-pronged comprehension strategy framework. In D. McNamara (Ed.), *Reading comprehension strategies: Theories, interventions, and technologies*（pp.465-496）. Mahwah, NJ: Lawrence Erlbaum Associates.

中島 義明（1996）．映像の心理学──マルチメディアの基礎── サイエンス社

Piaget, J., & Inhelder, B.（1966）. *La psychologie de l'enfant*. Paris: Presses Universitaires de France.

島田 英昭（2016）．教材の構成要素が読解への動機づけに与える影響　教育心理学研究, *64*, 296-306.

Schnotz, W.（2005）. An integrated model of text and picture comprehension. R. Mayer（Ed.）, *The Cambridge handbook of multimedia learning*（pp.49-69）. New York, NY: Cambridge University Press.

辰野 千寿（1992）．教材の心理学　学校図書

東井 義雄（1979）．子どもの何を知っているのか　明治図書

山本 博樹（1993）．テレビアニメにおけるカット技法の実態　発達心理学研究, *4*, 136-144.

山本 博樹（2009）．高齢者の読解を支援する教材表現──「直接有効性仮説」に潜む問題── 心理学評論, *52*, 400-410.

山本 博樹（2017）．説明実践を支える教授・学習研究の動向　教育心理学年報, *56*, 46-62.

山本 博樹（2013）．映像の文法　無藤 隆・子安 増生（編）発達心理学（pp.256-263）東京大学出版会

山本 博樹・織田 涼（2015）．高校「倫理」教科書の理解度を促す概説表現の効果──学習支援研究に基づく支援可能性の提示── 日本学校心理士会年報, *7*, 145-158.

山本 博樹・織田 涼・島田 英昭（2018）．高校初年次生と大学生の説明文理解に及ぼす標識化効果の境界条件　心理学研究, *89*, 240-250.

吉田 甫（2009）．子どもの論理と教科の論理からの介入──分数と割合── 吉田 甫・エリック ディコルテ（編）．子どもの論理を活かす授業づくり──デザイン実験の教育実践心理学──（pp.75-91）北大路書房

# 第11章
# 相互説明の力

深谷達史：広島大学

学校教育の目的の一つが，他者と協働しながら自立的に学びをすすめていける素地を養うことである点を踏まえると，学んだことを説明したり，話し合いながら考えをすすめたりするなど，学習場面において児童生徒同士が相互に説明し合う主体となることが求められる。しかし，実際の児童生徒の説明に目を向けてみると，「なぜそうなるか」を説明しないまま断片的知識のみを教えたり，相手の理解状態を考慮せず一方的な説明になっていたりするような，質の低いやりとりとなっていることが少なくない。本章では，高等学校で筆者らが実施した相互説明の質を高める実践事例を紹介する。また，相互説明の質を高めるには，日々の授業で相互説明を導入することが重要だと考えられることから，日常的な授業においてどのような取り組みが求められるかを論じたい。

## 1. 相互説明の重要性と有効な相互説明の在り方

### [1] 相互説明の重要性

本章で焦点を当てる相互説明とは，人と人が互いに説明をしたり聞いたりして対話する活動を指す。授業で相互説明を行う場合，何か特定の決まったやり方が存在するわけではなく，さまざまな活動例が考えられる。たとえば，授業中に，教師が教えたことを児童生徒がペアになって自分の言葉で説明し合う。あるいは，教師が提示した課題について，グループとなり，考えを説明し合ったりするのも相互説明と言えるだろう。これまで，心理学の研究で開発されてきた，ジグソー法や相互教授法などの種々の方法にも，相互説明を行う場面が含まれている。

相互説明は，学校教育の中でますます重要視されるようになってきている。

2011年度以降全面実施された学習指導要領では「言語活動」の充実が図られ，2020年度以降実施予定の新しい学習指導要領でも「主体的・対話的で深い学び」に基づく授業改善が求められている。相互説明が重要とされるのは，第一に，相互説明によって，対話した内容の理解が深まるためである。他の人とのやりとりを通じて，自分自身の理解が促されたという経験は多くの人が共有する経験ではないだろうか。第二に，相互説明は，効果的な学習方法やコミュニケーション力といった，さまざまな教科や領域で活用できる汎用的能力を涵養すると考えられる。

　ただし，相互説明を通じて，これら2つの目標が本当に達成されるかどうかは，相互説明がどのように行われるかに依存すると考えられる。以下では，有効な相互説明とはどのようなものか，そうした相互説明を促すためにどのような支援が求められるかを論じていく。


## ［2］有効な相互説明とは

　少々唐突だが，以下は高校生同士のやりとりである。読者は，こうしたやりとりを見てどのように感じられるだろうか。

> 教え手：インシュリンは体内の特定の部分で作られますが，それはどこで
> 　　　　すか？
> 聞き手①：肝臓
> 聞き手②：甲状腺？
> 聞き手③：すい臓？
> 教え手：あー，すい臓の名前がカタカナで……。
> 聞き手③：あ，ランゲルハンス島。
>
> 教え手：はい，じゃあ解いてみて。（聞き手はもくもくと解く）
> 教え手：そう，合ってる。じゃあ，次解いて。（解くが途中で間違う）
> 教え手：違う違う，そこはそうじゃなくて……。（間違いを指摘して説
> 　　　　明。説明が終わると次に進む）

　上記のやりとりは，筆者ら（深谷ら，2016）が実際に観察した，高校生同士の教え合いの一場面である。文面からは十分伝わらないだろうが，生徒は非常に活発に，意欲的に活動に取り組んでいたように見受けられた。しかし，上記のやりとりから，生徒が陥りがちないくつかの問題も見えてくる。

　第一の課題は，「インシュリンが作られるのはどこか？」のような，一問一答形式のやりとりになってしまっていることである。これまでさまざまな研究によって，一問一答形式のやりとりで学習されるような断片的な知識は，記憶したとしても忘れやすく，また，他の文脈に活用することが難しいことが明らかにされている（Bransford et al., 1999; 深谷，2016）。知識の関連づけを促すようなやりとりこそが，学びを深化させるためには重要である。上記の例で言えば，「インシュリンは何のために作られるか？」（機能），「インシュリンはどのように作られるか？」（仕組み）などが，知識の関連性に焦点を当てた，深い学びを誘発する問いの例として挙げられる。

　第二の課題は，二つ目のやりとりのように，答えが合っているかのみが問題となっており，聞き手が本当にわかったかが問題にされていないことである。チーら（Chi et al., 2004）は，聞き手が本当は理解を達成していなくとも，教え手は「聞き手が理解した」と評価してしまう傾向があることを明らかにしている。こうした課題を解決するには，聞き手は「自分は何がわからないか」を積極的に教え手に伝えること，教え手は「聞き手は何がわからないか」を積極的に把握することが求められる。また，教え手が説明した後には，教え手と聞き手の役割を交代し，聞き手が教え手に説明をしてみることも有効だろう。もし聞き手がうまく説明できなければ，本当はわかっていなかったことが明確になる（Fukaya, 2013）。

　では，「断片的な情報を教え手が一方的に説明する」というやりとりを，いかに支援すれば「情報の関連づけを目指して教え手と聞き手が対話し合う」というやりとりへと導くことができるのであろうか。次節では，筆者らが高校生を対象に行った実践事例を紹介したい。

## 2.　相互説明の実践事例：教え合い講座

### [1]　教え合い講座の実践と改善

　ここで紹介する実践は，「生徒同士の教え合いの仕方」を学ぶ学習法講座として実施されたものである。学習法講座とは，ある特定の教科内容を学ぶことが主な目標となる普段の授業と異なり，「うまく覚えるコツ」「問題を解く効果的な方法」といったように学習の仕方そのものをテーマとした授業である（市川, 2004）。本実践の発端となったのは，「一人でもくもくと学習することが多い生徒に対して，生徒同士で気軽に学習内容についてやりとりするような文化を醸成したい」という当該校に在籍する教諭の想いであった。その教諭が筆者らと同じ研究会メンバーであったことから，「教え合い」をテーマとした学習法講座を協働でデザインすることとなった。

　そこで，総合的な学習の時間3時間を使い，生徒同士の教え合い活動を軸とする教え合い講座を行ったのだが，生徒の活動自体は活発に行われたものの，相互説明の質は高いとは言えなかった。実は，前節で紹介したやりとりは，そのときの講座で観察されたものである。もちろん，いきなり相互説明を求めてもうまくできないことが予測されたため，1時間目には，教諭から教え合いの目的や教え合いのコツについて解説がなされた。たとえば，「丸暗記よりも理解する方が長期的な記憶が可能になること」や「理解を深めるために教え合いが効果的であること」「説明時には図表を使うこと」「説明後には相手の理解を確かめること」などが解説されていた。にもかかわらず，実際の教え合いでは質の高くないやりとりが多く見られたことから，1時間目の講義が十分な支援となっていなかったことがうかがわれた。

　こうした課題を踏まえて，別の年度に，3時間で行っていた講座をより拡張し，全6時間としたうえで，改善を加えて新たに講座を実施した（前半3時間は講義中心，後半3時間は教え合い活動中心）。主な改善は，講義に関する改善と活動に関する改善，それぞれ2つずつあった（詳細は深谷ら, 2016を参照）。

### 1)　講義面での改善　　講義面での改善の第一は，目標と手立てをより具体

的に示すことであった。「教え合いは理解を深める」と伝えても，「理解とはそもそもどういう状態か」がわからなければ，目標を伝えたことにはならないだろう。そこで，理解とは「知識が関連づいた状態」と定義を示したうえで，英文法の現在形と現在進行形を例として取り上げた。現在形は習慣，規則，真理などを表すと言われる。これらはそれぞれまったく別のことを表すわけではなく，「今を中心に広く成り立つ状況」という中心的な意味イメージがその背景にある（他方，現在進行形は「まさに今進行している状況」を表す）。習慣，規則，真理などの用法と中心的な意味のイメージとの関連がつかめれば，用法を個別に丸暗記する必要はない。

　さらに，目標を達成する手だてとして，相互説明のコツとともに，「具体的にどのようなやりとりをするのか」というモデルとなる対話例を示した。コツとして示したのは，(1)理解を目指して「なぜ」「そもそも」を問うこと，(2)具体例を考えること，(3)図を活用すること，(4)聞き手がわかったと思ったら役割を交代し聞き手が説明を行うこと，の4つであった。やりとりの例として，1次関数の変化の割合を題材に，避けるべき質問・説明と，目指すべき質問・説明のやりとりの例を解説した。たとえば，悪いやりとりは，演算手続きのみを質問・説明したもので，よいやりとりは，定義や手続きの理由を質問・説明したり，具体例や図表が活用されたりしたものだった。

　講義での第二の改善として，講師の話から学んだことを実際に活用する活動を設けた。具体的には，あえてよくない対話例を示し，どこがよくないか，どうすればよい対話になるかを考えさせた。実際に示した対話例は，不定詞の英訳問題を解けなかった聞き手が，教え手に答えをたずね，教え手は聞き手に答えのみを教えるというものだった。


**2) 活動面での改善**　　全3時間の後半では，1回目の教え合い（教え合い1），振り返り，2回目の教え合い（教え合い2）を行った。活動面の改善として，第一に，教え合い1では足場かけを多く設定し，教え合い2では足場かけを減らすことで，教え合い1は生徒が活動に参加しやすく，教え合い2はより自由度が高い状況で的確に教え合いが行えるようにした。たとえば，教え合い1では，4人グループの中に2人ペアを2組設定し，片方のペアのやりとり

が停滞した場合には，もう片方のペアのやりとりを参照できるようにした。一方，教え合い2では，4人1グループで活動を行った。また，教え合い1では，前の学期の既習範囲から選定した特定の問題とともに，考えるヒントを記したワークシートを用意した。一例として，英語では，「The number of colleges（　　　　　　　　　）in recent years.（このところ，大学の数が増えている）」のように，括弧に適切な英語を挿入する問題と一緒に，「なぜこの訳で，この英語になるの？」といったようなヒントを挿入した。一方，教え合い2では，ワークシートを与えず，次の中間試験の範囲から自分たちで内容を選定させた。

　二つ目の改善として，教え合い1と教え合い2の間に振り返りを行う時間を設けることで，教え合い1の良かった点と改善点を意識して教え合い2に取り組めるようにした。振り返りでは，教え合い1で筆者らが収集した，生徒の実際のやりとりを交えながら，問題と改善ポイント（「図を用いる」，「聞き手にも『なぜ』を説明してもらう」）を解説した。また，生徒の理解を確かめるため，実際のやりとりに基づく発話例を示し，良いと思った箇所に線を引く活動を行った。その発話は，化学の問題について用語の定義をたずねたり，2人で教科書を確認したりする様子が記されたものだった。

## [2] 教え合い講座の効果検証

　**1）発話の分析**　　　以上のような改善が，相互説明の質の向上をもたらしたかを検証するため，一部の生徒の教え合い1と2でのやりとりを記録し，その内容を分析した（詳細は深谷ら，2016参照）。まず，ほとんどのやりとりの主題が，「なぜ」「そもそも」といった知識の関連づけを目指したものだった（記録されたやりとりの83%）。以下は，その一例である（G3はグループ3を表す。以下同様）。

　　　（"Bob（　　　　　　　　　）an English book." という問題について）
　G3-A：1番の，Bob なんとか an English book ってあるじゃん。「Bob は英語の本を読んでいる」って，何々しているじゃん。何々しているっていうのは，現在進行形っていって，今の動作を表すことなの。図に表すと，

今，過去，未来，ってあって。この現在進行形っていうのは，今だけの……。

　　G3-B：今の期間だけ？

　　G3-A：のことを表すのね。

英語の現在進行形と現在形は日本語にするとどちらも「何々している」となり得るが，教え手Aは時間軸に沿った図を用い，両者がどう異なるかを説明していた。また，以下のように，自らの疑問を積極的に表明する様子も確認された（全やりとりの70%）。

　　G9-A：じゃあ2番の，なんでここは現在完了になるの。

　　G9-B：なんで現在完了か。え，なんだろう，うちが分かんない。

　　G9-C：うち分かるんだけど。（隣のペアとやりとりを始める）

足場かけを減らした教え合い2でも，「なぜ」「そもそも」をめぐるやりとりが多く見られた（85%）。

　　G1-D：じゃあ，受動態ってなんですか？

　　G1-C：受動態は主語が何かをされること。

　　G1-D：はいはいはい。

　　G1-C：例えば，猫が洗われているみたいな，誰かに。

他方で，教え合い1でも2でも，教え手が説明した後に，教え手と聞き手の役割を交代し，聞き手が説明を行うやりとりは多くは見られなかった（教え合い1は18%，2は33%）。聞き手が理解したと思ったことを自分でも言語化してみることを積極的に促す工夫が必要だと考えられる。

**2) その他の分析結果**　　発話分析だけでなく，やりとりした内容に関する理解が深まったかを調べるため，教え合い1のワークシートの課題についてテストを作成した（4項目）。いずれのテストも断片的な知識ではなく，手続き

の背景にある意味など，知識と知識が結びついているかを調べるものだった。分析の結果，いずれの教科でも，教え合い講座に先立ち測定した事前の正答率よりも，講座が終わってから2週間後に測定した事後の正答率の方が高かった（化学32%→46%，古典20%→29%，英語10%→24%，数学33%→47%）。やりとりからおよそ1ヵ月後のテストでも成績が向上したのは，生徒の教え合いが，理解を目指した質の高いやりとりになっていたためだと考えられる。

　さらに，今回の教え合い講座は，普段の学習方略を変えることも目指して行われた。そこで，事前，事後，遅延の3時点にわたり質問紙調査を行った（事後は講座終了2週間後，遅延は講座終了後2ヵ月後に実施）。生徒には，普段の自分の勉強の仕方として，示された学習方略を使う程度を5件法で評定するよう求めた。その結果，学習内容を説明することで自分が理解しているかを確かめる「説明方略」と，周りの人と学習したことを教え合う「教え合い方略」は，事前から事後にかけて向上し，また，遅延にかけても得点が維持された。一方，答えだけでなく考え方を含めて人に教えてもらう「自律的援助要請方略」については全体的に得点が高く変化が認められなかった。自律的援助要請方略については，もともと生徒は考え方を周りの人にたずねるという方略を比較的よく使用しており，そのため効果が得られにくかったものと考えられる。

## 3. 日常的な授業での実践

### [1] 相互説明を組み込んだ授業

　教え合い講座の結果から，教え合いの目標とそれを実現するためのスキルを具体的に示し，また活用させることで，生徒同士の相互説明の質が高まり，普段の学習にも応用させられることが示唆された。とはいえ，教え合い講座のような，単発のはたらきかけを行うだけでは限定的な効果しか得られないことが指摘されている（瀬尾, 2019）。実際，教え合い講座で扱ったテストの成績を見ても，その内容は教科書レベルの基本的な内容であったにもかかわらず，事後段階においてもいずれの教科の正答率も50%を下回っていた。こうしたことから，普段の日常的な授業から相互説明の機会を設けることが重要だと考えられる。

　相互説明を組み込んだ授業法の一つとして，市川（2004）が提唱する「教えて考えさせる授業」がある。教えて考えさせる授業は，(1)教師からの説明，(2)理解確認，(3)理解深化，(4)自己評価という4段階からなる。教師からの説明では，その授業で習得が目指される基本的な内容を，教材や教具を工夫しながら教師がわかりやすく対話的に説明する。次の理解確認では，生徒が本当に教師の説明したことを理解できたかを確かめるため，たとえば，生徒がペアになって教師が説明したことを自分でも同じように説明する。理解深化では，基本的な事柄を学んでもなお生徒が誤解していたり，知識の活用を求めたりするような課題を用い，グループでの話しあいも通じて課題解決が図られる。最後に，自己評価では，生徒が授業でわかったこと，わからなかったことなどを記述する。

　これら4段階のうち，理解確認と理解深化において，生徒同士の相互説明の機会が設定されている。理解確認は，教師から一度説明されたことをペアで説明し合うものである一方，理解深化は，理解を深める課題をグループで話し合うものであり，同じ相互説明でも，易しめの活動から難しめの活動へとスモールステップで設計されていることがわかる。

## [2] 相互説明の質を高める工夫

　ただし，これら4段階を形式的に設定するだけでは，十分な有効性を発揮しないこともある（市川, 2016）。相互説明については，教え合い講座の実践から，たとえば次のような諸点に配慮して活動を行うことが重要だと示唆される。第一に，手続きのみならず意味を説明させることである。たとえば，算数の理解確認の際，教師の説明で用いた課題の類題を用意し，解かせるといったことが行われることがあるが，「では，隣同士で確かめあってみましょう」と活動を促すだけでは，単に式と答えが一緒かどうかを確かめ合うだけで終わってしまうペアもいるだろう。その式を立てた理由も含めて説明させることで，知識の関連づけをともなうような説明を促す必要がある。

　次に，対話的なやりとりを行うコツを意識させることである。一例として，教え合い講座でも取り上げた，図の活用が挙げられる。言葉だけで説明するよりも，説明する際に図を書いたり指し示したりすることで，聞き手にわかりや

すい説明を行うことができる（Mayer & Moreno, 2003を参照）。あるいは，聞き手側のコツとして，わからないことがあった場合は積極的に質問するよう働きかけることで，「話しっぱなし」「聞きっぱなし」でない，対話的なやりとりが促進されると考えられる（授業実践例として，深谷ら, 2017を参照）。

### 教師への提言

　新しい学習指導要領で強調される，「主体的，対話的で深い学び」に基づく授業改善を実現するため，学習者同士が相互に説明し合う機会を授業の中で設けることは不可欠だろう。ただし，相互説明が一問一答的，一方的なやりとりに堕してしまえば，その効果は十分高まらない。相互説明の質を高めるには，(1)課題や発問を工夫することで，「なぜそうなるか」といった知識の関連づけを志向したやりとりを促す，(2)説明で図を活用したり，説明に対して質問したりするなどの対話的なやりとりのコツを使用させる，という2点が重要である。また，日々の授業の中で，相互説明の機会を設けることに加え，学習法講座のように，教え合いの仕方そのものを学習する時間を設定するのも有効だろう。相互説明の質を高め，やりとりした内容の理解を深めるとともに，児童生徒の説明をする力，聞く力を高めることがまさに求められている。

### 読書案内

市川　伸一（2008）．教えて考えさせる授業を創る——基礎基本の定着・深化・活用を促す「習得型」授業設計——　図書文化（推薦理由：本章で紹介した「教えて考えさせる授業」が提唱された背景，その基本的な枠組みと実践例が解説された本である。ただし，紹介されている事例は算数・数学の授業であるため，いろいろな教科の実践例に関心がある読者には『最新　教えて考えさせる授業　小学校』（市川・植阪, 2016），『教えて考えさせる授業　中学校』（市川, 2012）をお薦めしたい。）

### 文　献

Bransford, J. D., Brown, A. L., & Cocking, R.（1999）. How *people learn: Brain, mind, experience, and school*. Washington DC: National Academy Press.（ブランスフォード J. D.・ブラウン A. L. クッキング R. 森　敏昭・秋田　喜代美（監訳）（2002）．授業を変える——認知心理学のさらなる挑戦　北大路書房）

Chi, M. T., Siler, S. A., & Jeong, H.（2004）. Can tutors monitor students' understanding accurately? *Cognition and Instruction, 22*, 363-387.

Fukaya, T.（2013）. Explanation generation, not explanation expectancy, improves metacomprehension accuracy. *Metacognition and Learning, 8*, 1-18.

深谷　達史（2016）．学力の分類と指導　自己調整学習研究会（監修）岡田　涼・中谷　素之・伊藤　崇達・塚野　州一（編）自ら学び考える子どもを育てる教育の方法と技術（pp.7-22）　北大路書房

深谷 達史・植阪 友理・田中 瑛津子・篠ヶ谷 圭太・西尾 信一・市川 伸一（2016）．高等学校における教えあい講座の実践──教えあいの質と学習方略に対する効果──　教育心理学研究, *64*, 88-104.

深谷 達史・戸部 栄子・立見 康彦（2017）．説明スキーマに基づく読解と表現を促す授業実践──小学4年生における説明的な文章の指導──　教育心理学研究, *65*, 414-428.

市川 伸一（2004）．学ぶ意欲とスキルを育てる──いま求められる学力向上策──　小学館

市川 伸一（2008）．「教えて考えさせる授業」を創る──基礎基本の定着・深化・活用を促す「習得型」授業設計──　図書文化

市川 伸一（編）（2012）．教えて考えさせる授業 中学校　図書文化

市川 伸一（2016）．「教えて考えさせる授業」づくりの工夫と注意　市川 伸一・植阪 友理（編）教えて考えさせる授業　小学校──深い学びとメタ認知を促す授業プラン（pp.14-21）　図書文化

市川 伸一・植阪 友理（編）（2016）．最新教えて考えさせる授業　小学校──深い学びとメタ認知を促す授業プラン　図書文化

Mayer, R. E., & Moreno, R.（2003）. Nine ways to reduce cognitive load in multimedia learning. *Educational Psychologist, 38*, 43-52.

瀬尾 美紀子（2019）．教訓帰納は学校でどう指導できるか．市川 伸一（編）教育心理学の実践ベース・アプローチ─実践しつつ研究を創出する──（pp.171-184）　東京大学出版会

# 第12章
# 自己説明の力

伊藤貴昭：明治大学

　「児童生徒の理解不振を改善する」ために，教師は何をしようと考えるだろうか。おそらくその子どもに対して，「教師」がわかりやすく説明してあげれば，理解不振を改善できると真っ先に考えるのではないだろうか。懇切丁寧に説明をしてあげれば，きっとわかってくれるはずであり，わかりやすい説明をすることこそが教師の務めであるという考えを持つ人は多い。しかし，いま求められているのは，「教師」が説明によって生徒の理解を促すことよりも，むしろ「子ども」が自分自身の力で理解の向上を実現することである。さらに言うならば，そのための力をも育成することである。本章で取り上げる自己説明は，子ども自身の力で理解の向上を実現するための非常に有力な方法の一つとして位置づけられるだろう。自己説明とはどのようなもので，教師に求められる支援とは何かについて，ぜひ「自己説明」しながら本章を読みすすめてもらいたい。

## 1. 自己説明とは何か

　教師にとって，授業でわかりやすい説明をすることはもちろん大切である。理解不振を訴える子どもに対して，懇切丁寧に説明をしてあげると，子どもも喜んでくれるし，達成感も感じられる。大学で，教職志望の学生に志望動機を聞いてみると，中学高校で「友達に教えた経験」を挙げる学生も多い。それくらい教える側からの働きかけ（説明）は印象に残る活動であり，かつ重要な影響を子どもに及ぼすものである。そのため，本書の各章では，どのように説明実践をしていくかについて，さまざまな視点から重要な指摘がなされているわけである。

　それに対して，本章で取り上げる自己説明とは，その名のとおり「自分自身

に対して説明する」ことを指す。その目的は学習している内容の意味をよく理解することにある。つまり，自己説明をする説明者とは，基本的には学習者である子どもたちということになる（もちろん教師が自らの学びをより深めるために自己説明を利用してもよい）。ここが，本章で取り上げる自己説明と，他の各章で述べられる説明との違いの一つといってよいだろう。

　「自分自身に対して説明する」という状況は，いささか不自然に感じられるかもしれない。具体例としてチーら（Chi et al., 1994）が行った研究が有名であるため，まずは，この研究を通して自己説明とは何かを見ていこう。

　チーら（Chi et al., 1994）は自己説明をさせることが説明文の理解を促進するかを確かめるため，中学生を対象に実験を行った。子どもたちを2つの群に分け，一方を自己説明群，他方を統制群とする。自己説明群には，人体の循環系について説明した説明文を1文ずつ提示し，各文を音読させるとともに自己説明するように教示した。統制群には，同一の説明文を2回音読させた。その結果，自己説明群の方が統制群よりもテストの成績が良いことが示された。また，同じ自己説明群の中でも，より多くの自己説明をした生徒の理解が優れていることも示され，自己説明が説明文の学習に有効であることが明らかにされた。

　研究の概要は以上のようなものだが，自己説明を促す際にチーら（Chi et al., 1994）が中学生に対して行った教示を見ると，自己説明とは何かをつかむためにはわかりやすいので，ここで紹介しておく。

　　「まずそれぞれの文を声に出して読み，それが意味するところを説明してください。たとえば，新しい情報から何を得たか，すでに読んだ内容とどのように関係するか，循環系がどのように機能するかについて何らかの新しい洞察を得たかどうか，何か疑問が生じないかなど，心の中に浮かんだものなら，それが重要でないと思っても何でも話してください」

　自己説明群の生徒は，以上の指示を踏まえ，自分の理解したことなどについて「自分自身に対して説明する」ことになり，これを自己説明と呼んでいるわけである。では，こうした教示を受けた子どもたちはどのような自己説明をす

るのだろうか。そしてそれがなぜ理解を深めるために有効なのだろうか。具体的な自己説明の中身と理解につながるメカニズムについて次に見ていこう。

## 2. 自己説明によってなぜ理解が促されるのか

　説明をしているときに内容に対する理解が深まった，という経験を持つ人は多いだろう。しかし，なぜそういった現象が生じるのかについて，あらためて考えてみることはないのではないだろうか。本節では，自己説明がなぜ理解を促すのかについて考えてみよう。

　自己説明のメカニズムを示したものとして有力なのが，メンタルモデル修正論（Chi, 2000）である。メンタルモデルとは，もともとはジョンソン＝レアード（Johnson-Laird, 1983）によって提唱された心的表象の一種であるが，ここでは学習者が心内に形成するモデルのようなものを指していると考えればよい。たとえば，チーら（Chi et al., 1994）の用いた循環系の学習であれば，私たちは体の中を血液がどのように流れているのかといったある種のイメージ（それが正しいかどうかはともかく）を想像することができるが，これがいわゆるメンタルモデルと呼ばれるものである。

　メンタルモデル修正論では，学習者はあらかじめ何らかのメンタルモデルをもっていると仮定されている。学習者は，説明文を読みすすめながら，自らのもつメンタルモデルを参照し，必要に応じて組み替えながら，より精緻化された理解へと近づいていくことになる。自己説明は，このメンタルモデルの組み換えや修正をより明示的にするはたらきがあるということである。前節で紹介したような教示によって，説明文で述べられていることと，自らのメンタルモデルの比較がより意識的になされるようになる。つまり，自己モニタリングが促されるわけである。すると，自らのメンタルモデルの不備に気づくようになり，これが修正されていくのである。

　ただし，自己説明を促すだけで，こうしたプロセスがいつでも生じるわけではない。自己説明が有効になるためには，説明の中に推論が含まれていることが重要であるとされている（Chi, 2000）。推論とは，一般的には与えられた情報に基づいて，そこから新たな結論を導くこととされるが，自己説明における

推論とは，説明文等に明示的に述べられていること以上の新しい知識や情報を構成することを指している。たとえば，以下のような発言が，推論の事例として紹介されている（Chi, 2000, p.166より作成。Sは学習者，下線部が推論）。

　　説明文『中隔は心臓を縦に2つに分割しています』
　　S1：「中隔……それは心臓を分割して……二つの部分を区別できるようにしているんだ」
　　S2：「ええと，中隔ってなんだ？　筋肉のようなもの？　骨？　うーん，器官？　でも，器官じゃないような気がする。」
　　S3：「それはおそらく壁のようなものではなくて，障壁のようなものなのかな。おそらく物が通り抜けられるような……堅い壁のようなものではないんだと思う。」

　前節で，より多くの自己説明をした生徒のほうが優れた成績を収めているという結果を紹介したが，自己説明の多さというのは，実は推論の多さを示しているのである。たとえば，上記の文を読んだ別の学習者の以下のような自己説明は推論には当たらないとされている（Chi, 2000, p.167より作成）。

　　S4：「心臓には2つの側面があって，その何かが分割していて……それが中隔，縦方向に」

　この事例からもわかるように，自己説明を効果的なものにするためには，説明文を単になぞったような説明をするだけでは不十分である。自己説明によって，いかに学習者自身が自分の知識と結びつけながら，知識を構成していけるかが鍵となってくるわけである。

　なお，学習内容によっては，学習者が何らかのメンタルモデルを持っていると仮定できないときもあるだろう。その場合には，説明文で述べられている内容に基づいて，新たなメンタルモデルを構築していくことになるが，やはり自己説明に推論が含まれるかが重要になってくるという意味では同様であると考えればよい。

## 3. 自己説明活動を支援するために

　最後に，自己説明を有効に機能させるための方法を取り上げつつ，教師に求められる支援について考えていこう。その前に，まずは，実際に自己説明をするということが，どのような活動として実感されるものなのかについて知っておく必要があろう。そこで，チーら（Chi et al., 1994）で用いられたテキストの一部について，実際に自己説明してみてもらいたい。教示は第1節に示したとおりである。

　　説明文1：多くの静脈は骨格筋を通っていきます。
　　説明文2：運動中に，これらの筋肉は収縮し，静脈内の血液を圧迫します。

　いかがだっただろうか。きちんと声に出し，自己説明をしてみることが大切である。実際にやってみると，音読はもちろん簡単にできるものの，自己説明として何を声に出せばよいのか迷ったり，誰も聞き手がいないことで何となく説明しにくかったりした人もいるのではないだろうか。前節でも述べたように，自己説明が有効なものとなるためには，ただ説明文の内容を繰り返すだけでなく，何らかの推論を働かせる必要がある。そのためには，いかに説明のしずらさを軽減し，推論を促していくことができるか，そこに教師としての支援の方向性があると言えるだろう。ここでは，自己説明に対する支援について紹介し，まとめとして学校で自己説明を活用していくことの意義について考えてみたい。

### [1] 説明のヒント

　本章の冒頭に「自己説明とは何か」という節が設けられていることからもわかるように，子どもたちに「自己説明をしてみなさい」という指示を出すだけでは，何のために何をすればよいのかが伝わらないだろう。まずは，なぜ自己説明をする必要があるのかといった意義を伝えるとともに，どのような説明をすればよいのかといった具体的なヒント（prompt）を示すとよいだろう。

　自己説明を促すヒントとして，第1節で紹介した自己説明の教示も参考になるが，それ以外に，問題解決の手順を学ぶ際に有効なものなどが提案されている（詳しくは Nokes et al., 2011を参照）。たとえば，算数や数学の問題解決に取り組むときに，自分がなぜその手続きを踏んでいるのかを認識できていない子どももいる。むしろ，問題解決型の課題が苦手な子どもにとっては，あえてそれを認識しないようにしている子どもすらいる。そうした子どもたちに対して，情報の欠落を埋めること（gap-filling）を目指す自己説明のヒントとして，「その手続きは，どのような原理に基づいているか」「どうしてこの方法で正しいと言えるのか」「その手続きについて，自分の言葉で言い換えたりできるか」などを提示し，これらの問いかけに答える形で自己説明させるのも有効である。

## ［2］説明に対する支援

　自己説明が効果を発揮するためには，自らのもつ知識や理解状態をモニタリングし，それを学習内容と関連づけるという推論活動を行う必要がある。ヒントを与えることで，効果的な自己説明が行えるとよいが，実際にやってみるとわかるように，意外と難しい活動でもある。とくに，説明に慣れていないような子どもの場合にはなおさらである（多鹿ら，2016）。その原因の一つとして，何でも思いついたことを話してよいという自由度の高さがある。第2節で示した自己説明の事例を再度見てみよう。子どもたちにヒントを与えつつ，自己説明を促したときに，どの程度こうした発言が出てくると予想されるだろうか。「思いついたことを何でも説明してみてください」と言われても，「こんなこと口に出したらおかしいかもしれない」「これは関係ないから言わないほうがいいかもしれない」などと過剰に意識してしまい，口に出せないということも起こり得る。あるいは，およそ無関係なものに言及するだけで終わってしまうこともあるだろう（ただし無関係なものはダメだと制限するとうまくいかないので，何でも思いついたことは口に出した方がよい）。このような事態に対応するために，自己説明を支援するための方法が開発されている。

　たとえば，子どもたちに説明を一から考えさせるのは難しいということならば，関連する概念や法則をいくつかの選択肢の中から選択させるという方法も

効果的である。多鹿ら（Tajika et al., 2012）は小学生を対象にコンピューターを用いた自己説明の効果を検討した。この研究では自己説明の形態として算数の文章題を解くために必要なステップを細かく分類し，ステップごとになされる質問（たとえば，問題文に表記される数値が何を表しているか）に対する正解を子どもに選択させた。こうした方法でも，自己説明の効果が見られることが示されており，とくに低学年の子どもに自己説明を促す場合には有効な方法である。

　ここで注意したいのは，コンピューターでプログラムを組まなければ効果がないということではない。重要なのは，子どもたちが問題を解くときや説明文を読むときに，どのようなことを考えさせたいのかを見極める必要がある，ということである。繰り返しになるが，自己説明が効果を発揮するかどうかは，子どもたちをいかに推論活動に引き込むかということであり，そのための支援として何が適切なのかという視点を持つことが大切である。ワイリーとチー（Wylie & Chi, 2014）は，自己説明の形態として，①何らかの制約もなく自由に表現できる自己説明（open-ended self-explanation），②焦点づけられた自己説明（focused self-explanation），③足場組みの自己説明（scaffolded self-explanation），④リソースを利用した自己説明（resource-based self-explanation），⑤メニュー選択の自己説明（menu-based self-explanation）に分類している（表12-1，詳しくは多鹿ら（2016）も参照）。チーら（Chi et

表12-1　自己説明の形態（Wylie & Chi, 2014; 多鹿ら，2016から作成）

| 形態 | 内容 |
|---|---|
| ①何らかの制約もなく自由に表現できる自己説明 | 自由に思いついたことなどを自己説明させる |
| ②焦点づけられた自己説明 | 説明すべき内容を明確にするような情報を付加し，それに基づいて自己説明させる |
| ③足場組みの自己説明 | 自己説明の内容の一部が欠落しているものを与え，穴埋め形式で自己説明させる |
| ④リソースを利用した自己説明 | 解決のために必要な概念や法則を示し，それを利用して（または選択させて）自己説明させる |
| ⑤メニュー選択の自己説明 | 考えられる自己説明の候補を選択肢として用意し，その中から正しいものを選択させる |

al., 1994) の例は①に，多鹿ら（Tajika et al., 2012) の例は⑤の事例に該当することになる。とくに①以外の形態を取り入れるためには，教師の事前準備が必要になる。当然のことながら，子どもの学年や学習内容によってどの形態が適しているかを一意に決めることは不可能であり，だからこそ教師の教材研究と子どもの見取りが大切になってくるのである。

## [3] 学校での自己説明

今，学校教育の現場では，「主体的・対話的で深い学び」という新学習指導要領（2017年公示）で示された学びの在り方の実現が求められている。また，「言語能力の確実な育成」も主な改善事項の1つとして掲げられている。本章で取り上げた自己説明は，そのいずれをも実現するための有効な活動の1つであると言えるだろう。

たとえば，「言語活動の充実」は2008年に公示された学習指導要領で明確に記された形となったが，その基礎となった平成20年（2008）答申では，「事実等を解釈し，説明することにより自分の考えを深めること（中央教育審議会，2008)」とあり，すでに自己説明の効果について言及されていることがわかる。また，2011年以降に各学校種別に発行された『言語活動の充実に関する指導事例集』を見ると，「授業の終わりに『ふりかえり文』を書く時間を設け，自分の思いや考えをまとめさせた（文部科学省，2011，小学校版より)」などの具体的なものが紹介されている。こうした活動がなぜ重要か，そしてどのようなことを書かせれば効果的になるのかについても，本章で紹介した自己説明の視点を踏まえれば，よりよく理解できるのではないだろうか。

また，言語能力を育成するために，自己説明を利用する手もある。前項で表12-1に示した自己説明の5つの形態（Wylie & Chi, 2014）は，支援の度合いの大小の違いでもある。初めは，メニュー選択等の支援の度合いが大きい自己説明から始め，徐々に支援を減らしていくというやり方も有効であろう。子どもはそもそも説明すること自体に慣れていないため，理解を深めることを目指しつつ，かつ言語能力の育成にも寄与する自己説明は，もっと教育現場に取り入れられていってよいはずである。

なお，教室にはともに学ぶ仲間がいる。新学習指導要領の「対話的」という

言葉には，ともに学ぶ仲間，教師，教科書に載っている内容など，さまざまなものとの対話の中でこそ，学びがすすめられるという意味合いが含まれている。その意味からすると，自己説明はいささか個人内に閉じこもった活動という印象が強いように感じられる。説明の効果には，他者へ向けた説明の効果（たとえば，伊藤・垣花, 2009），協同学習における説明活動（たとえば，Okada & Simon, 1997）など，さまざまなものが指摘されているため，自己説明のみにこだわる必要はない。活動の形態が重要なのではなく，いかに子どもたち自身の学習活動を活性化させるのか，そしてその活動を通してどのような能力を身に付けさせたいのかを意識的に考えていくことが，なによりも重要なことである。

### 教師への提言

本章の冒頭でも述べたように，教師は「教えたがり」である。子どもたちに「教える」ために教師になった人からすれば，それは当然のことであり，むしろそれを疑ってみることもしなかったのではないだろうか。あるいは，頭では「子どもが学ぶことこそが重要だ」ということがわかってはいても，いざ授業をしてみると，どうしても教師から教えることに終始してしまった経験をもつ人もいるだろう。しかし，学習指導要領に「主体的，対話的で深い学び」と明記されるよりもずっと以前より「教師がいかに教えるか」ではなく，「子どもがいかに学ぶか」が問われるようになっているのである。本章で紹介した自己説明は「子どもがいかに学ぶか」に対して，直接的にアプローチするものである。同時に「教えたがり」の教師に対して，ある種の質的転換を求めるものとなっていると言えるだろう。

アクティブラーニングへの対応が大きな課題となって教育現場へと浸透していったが，重要なのは個人でやるかグループでやるかといった形態ではなく，いかに子どもたち自身が能動的に知識を構成してくかである。自己説明は教師がその視点を持ち続けるためにも意義のある学習活動であると言えよう。

### 読書案内

多鹿　秀継・中津　楢男（2009）．算数問題解決と転移を促す知識構成の研究　風間書房（推薦理由：本書は算数の問題解決を促すための一連の研究をまとめた専門書に位置づけられるため，多少一般向けの書籍よりは難易度が高いと感じられるかもしれない。しかし，最終章において，本章でも紹介した選択型の自己説明の事例とそのプログラムが掲載されており，自己説明を実際に活用するうえで，非常に参考になる一冊と言えるだろう。）

# 文　献

Chi, M. T., De Leeuw, N., Chiu, M. H., & LaVancher, C. (1994). Eliciting self-explanations improves understanding. *Cognitive science, 18* (3), 439-477.

Chi, M. T. (2000). Self-explaining: The dual processes of generating inference and repairing mental models. In R. Glaser (Ed.), *Advances in instructional psychology: Educational design and cognitive science* (Vol.5, pp.161-238). Mahwah, NJ: Lawrence Erlbaum Associates.

中央教育審議会 (2008). 幼稚園, 小学校, 中学校, 高等学校及び特別支援学校の学習指導要領等の改善について　中央教育審議会

伊藤　貴昭・垣花　真一郎 (2009). 説明はなぜ話者自身の理解を促すか——聞き手の有無が与える影響——　教育心理学研究, *57*, 86-98.

Johnson-Laird, P. N. (1983). *Mental models: Towards a cognitive science of language, inference, and consciousness* (No. 6). Cambridge, MA: Harvard University Press.

文部科学省 (2011). 言語活動の充実に関する指導事例集【小学校版】　教育出版

Nokes, T. J., Hausmann, R. G., VanLehn, K., & Gershman, S. (2011). Testing the instructional fit hypothesis: The case of self-explanation prompts. *Instructional Science, 39* (5), 645-666.

Okada, T., & Simon, H. A. (1997). Collaborative discovery in a scientific domain. *Cognitive Science, 21* (2), 109-146.

Tajika, H., Nakatsu, N., Neumann, E., Nozaki, H., Kato, H., Fujitani, T., & Hotta, C. (2012). Mathematical word problem solving in children engaged in computer-based metacognitive support: A longitudinal study. *Educational Technology Research, 35* (1-2), 11-19.

多鹿　秀継・中津　楢男・加藤　久恵・藤谷　智子・堀田　千絵・野崎　浩成 (2016). メタ認知方略としての自己説明の特性　神戸親和女子大学研究論叢, *49*, 41-51.

Wylie, R., & Chi, M. T. (2014). The self-explanation principle in multimedia learning. In R. E. Mayer (Ed.), *The Cambridge handbook of multimedia learning* (2nd ed., pp.413-432). New York, NY: Cambridge University Press.

# 第IV部

# 授業で実践する説明力

町　岳：静岡大学

　日本の算数・数学科の授業では，一人一人の考えた解法を学級全体で検討する，問題解決型の授業が多く行われている。この授業スタイルは，多様な解法を集団で検討できるという利点があるが，集団検討が一部の子どもと教師間で行われ全体で共有されにくく，概念的理解の深まりも十分ではないといった課題が指摘されている。第1節では，問題解決型授業の課題を改善するために，集団検討を3段階の思考深化のプロセスで捉え，「1．自分の考え方を説明する」「2．いろいろな考え方の共通点を多く見出す」「3．共通点をさらに関連づける」という段階的教示と，各段階の思考深化促進に適した学習形態（集団）を取り入れる方法を提案する。第2節では，小グループの話し合いを成立させるための，「個人内思考の外化」「役割付与」「話し合いの手順の提示」を構成要素とする授業実践型相互教授（町，印刷中）を，第3節では，それらの理論に基づいた具体的な授業展開例を紹介する。

## 1．問題解決型の授業スタイルを生かした学び合い

### [1] 算数・数学科における問題解決型授業の特徴と課題

　日本の算数・数学科の授業では，児童・生徒が個別に問題に取り組み（自力解決），それを学級全体で練り上げる（集団検討する），問題解決型の授業が多く行われている。一人一人の解法の集積を集団で検討できるこの授業スタイルは，海外からも注目される（Stigler & Hiebert, 1999）一方，この授業スタイルで学習する日本の子どもの概念的理解の水準が，国際的に高くない（藤村，2018）ことから，問題解決型の授業の課題として，集団検討が少数の子どもと教師によって行われる（河崎・白水，2011）といった課題が指摘されている。算数教育を専門にしている教員でさえ，問題解決型の授業の難しさは，練り上

げ（集団検討）にあると答えていることから（小池, 2015），集団検討場面での説明活動を思考深化に結びつけることが，問題解決型授業の重要なポイントとなるだろう。

## ［2］集団検討場面における３段階の思考深化

　集団検討場面における説明活動を思考深化に結びつける手がかりの1つが，集団検討場面における段階的教示と学習形態の検討である。橘・藤村（2010）は，高校生ペアの協同解決を通じた知識統合過程に焦点を当て，「要素の関連づけ」に言及する問いを段階的に設定することで，ペア学習での議論が焦点化され，知識を相互構築する協同過程が生起しやすくなることを示した。そこで本章では，集団検討における学び合いを３段階の思考深化のプロセスで捉え，各段階の思考深化促進に適した，段階的教示と学習形態（集団）を取り入れる方法を提案する（図13-1）。

　具体的には，多様な解法が子どもたちによって説明された後，「いろいろな考え方の共通点を多く見出す段階」を集団検討２，「共通点をさらに関連づける段階」を集団検討３に位置づけ，クラス全体で行うこととする。しかし集団検討２・３で他者の考えを聴いて理解し吟味するためには一人一人の児童・生徒が，自分の解法の意味を説明できるレベルにする必要がある（河﨑,2013）。そこで集団検討２の前に，小集団による学び合いを集団検討１として

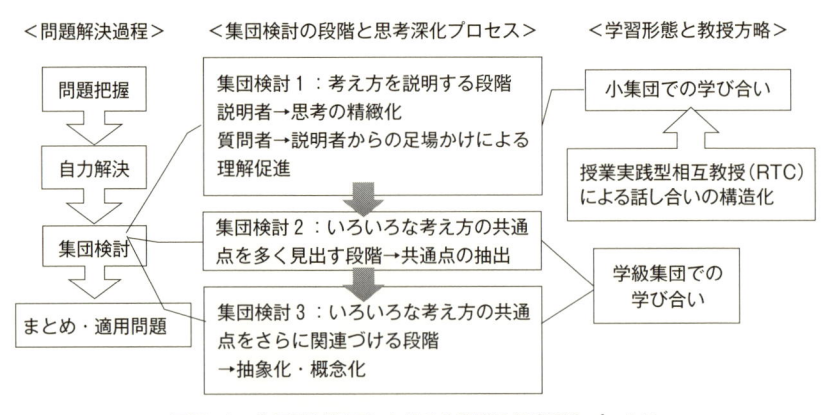

図13-1　集団検討場面における３段階の思考深化プロセス

位置づけ，「ペアやグループの友達に（自分の）考え方を説明する段階」とすることとした。

## 2．グループ学習と授業実践型相互教授

### [1] 小グループでの学び合いの難しさ

第2節では集団検討1において，一人一人の児童・生徒が自分の考え方を説明できるようにするための支援について解説する。まず「説明できない」児童・生徒にも，さまざまなレベルがあることを理解する必要がある。それらは「問題がわからない（＝解けない＝説明できない）」「式と答えはわかるけど，その意味をうまく説明できない」「自分では説明できるつもり（でも実はできていない）」など，さまざまである。しかし「適切な学力差」のある子ども同士で小集団を構成し，説明し合わせることで，問題の解き方がわからない子どもは，友達の説明を足場かけにして問題の解き方がわかり，説明できるようになる可能性がある。また「自分では説明できるつもり（でも実はできていない）」子どもは，友達へ説明することを通して，自分の思考が精緻化されることが期待できる。

ただし，これらは友達同士で自分の考え方を説明し合うという相互作用が適切に行われた際に期待できる思考深化のプロセスである。小グループによる話し合いでは，話し合いを児童・生徒自身が運営するため，時に話し合いが深まらなかったり，学習と関連しない話に流れてしまったりということが起こりえる。つまりグループ学習で，安定して質の高い相互作用を生み出すためには，グループでの話し合いを構造化するための支援が必要なのである。

### [2] 授業実践型相互教授

グループ学習における話し合いを構造化させる教授方略として，ここでは実践型相互教授（Reciprocal Teaching in Classroom; 以下 RTC; 町，印刷中）を提案する（図13-2）。

RTC は，パリンサーとブラウン（Palincsar & Brown, 1984）による相互教授法（Reciprocal Teaching；以下 RT）から，学び合いに効果をもたらす要因

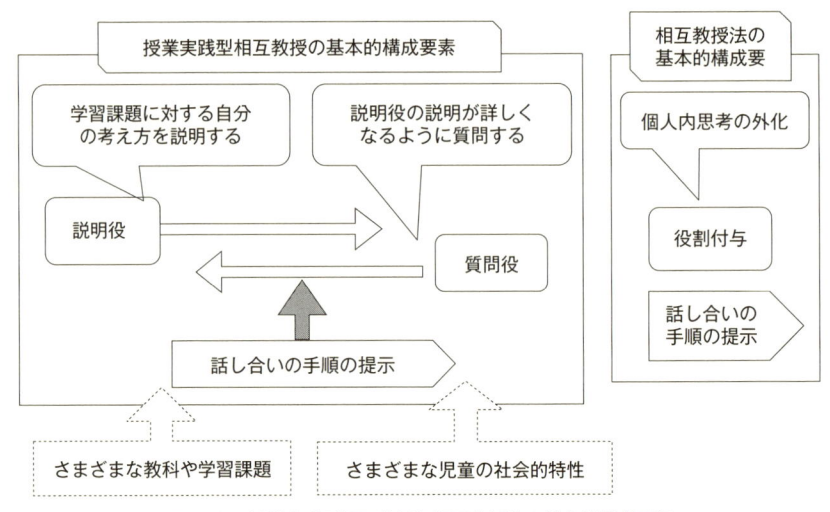

図13-2　授業実践型相互教授と相互教授法の基本的構成要素

として，①個人内思考を言葉により外化する，②（個人内思考過程を分化した
うえで）「説明役」・「質問役」等の役割として付与する，③（役割を一定時間
で交代するなどの）話し合いの手順を提示する，の３点を抽出した。そしてそ
れを RTC の基本的構成要素とするとともに，個々の実践場面に即して，学習
的側面・社会的側面から調整を加えることで，より効果的なグループ学習を促
すことができると考えた。

　町・中谷（2014）は，小学校５年生の算数科「四角形と三角形の面積」の単
元において，「三角形の面積の求め方」など（３時間）で，グループ学習への
RTC 介入効果の検討を行った。「グループ全員の説明が上手に（詳しく）な
る」というグループ学習の目的（ゴール）を全体で共有したうえで，RTC 有
群には「説明役の人（１人）は，自分の考えを友達に説明する（２分間で交
代）。質問役の人（３人）は，友達の説明がより詳しくなるような質問を１人
１つはする」と教示した。RTC 無群には「グループの友達同士で，お互いの
考えを説明したり質問したりし合おう」と教示した。

## ［3］授業実践型相互教授の効果

　RTC の介入効果を，RTC の有無により比較したところ，RTC 有群のグループの方が，学習に関連する深い発話が多く（図13-3），学業達成度テストにおいて，自分の考えを図や式と関連づけて詳しく説明できる児童の割合が多い傾向であることが示された。RTC 無群のグループの話し合いが，自分の考え方をただ順番に説明する「発表会」形式になりがちだったのに比べ，RTC 有群のグループ学習では，説明役の児童の説明（三角形を長方形に等積変換する）が，質問役の3人からの質問に答えることによって，式・図・言葉（説明）が関連づけられ，徐々に精緻化されていく過程が観察できた（表13-1）。

　児童・生徒同士で自由に話し合いをさせた場合，説明者の説明が不十分でも，「自分は説明できている」と考えたり，まわりの友達が「（説明をよく聞かなくても）その考え方はわかっている」と考えたりすると，説明・質問による思考深化のプロセスは生じにくい。RTC では，質問役の児童は，説明がわからないから質問するだけでなく，説明がわかっていても，友達の説明をより詳しくするために質問する。「質問役」という役割付与により生成された，これらの意図的な質問は，説明役児童の説明を，「説いて明らかにする」という説

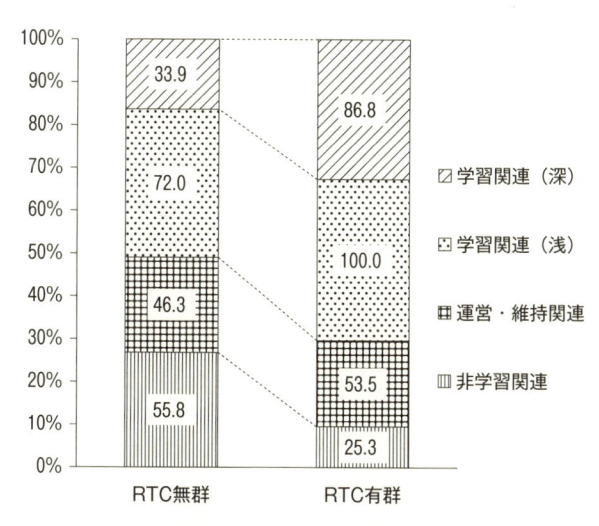

**図13-3　授業実践型相互教授による発話内容への効果**
注）数字は，1グループの1授業におけるカテゴリー別平均発話数

137

表13-1　授業実践型相互教授による思考精緻化プロセス（一部抜粋）

| 話者 | 発話内容 | 説明 | 質問 | 回答 | 運営 | 非学習 |
|---|---|---|---|---|---|---|
| | | | | | 発話カテゴリ分類 | |
| 山口 | え，まずー，三角形を（横）半分に切りー，上の三角形をさらに（縦に）切りー，両脇につけます。そうすると，もとは4センチだった，高さが，2センチになりました。そうなると，三角形の公式は，底辺は8なので8かける，えーっ高さが，もとが4センチだったのが，2センチになったので，わる2となります。 | ◎ | | | | |
| 杉田 | はい。 | | | | ○ | |
| 山口 | （手で促す） | | | | ○ | |
| 杉田 | なんで2センチになるとわる2になるんですか。 | | ◎ | | | |
| 山口 | う？　あ，えーっと，2センチは，元あった4センチの，2センチはもとあった4センチの半分なんで，たぶんわる2だと思いました。 | | | ◎ | | |
| 上田 | ・・・えっとー，これがここでこれがここ（切った三角形を両端につけると長方形への等積変形になる）っていうのはなんで・・・ | | ◎ | | | |
| 山口 | えっとー，それは・・・・えっとー。うーん，なんでしょう・・・ | | | | ○ | |
| 杉田 | なんでしょうじゃないでしょ | | ○ | | | |
| 山口 | うーん，何でしょう。うーん・・・たぶん，わっかんない。半分に切ったら，たぶん，同じ，マス目が同じ（形になるから）・・・かな？ | | | ◎ | | |
| 鈴木 | じゃあ，底辺・・・底辺と高さが平行四辺形（本当は長方形）のどこにあたるかを図を説明・・・図をつかって説明してください。 | | ◎ | | | |
| 山口 | うーん，なんていうかなー。底辺は，ここでー，（高さを表す）線引いてー，高さはー，4センチだったのが2センチ・・・ってなります。 | | | ◎ | | |

（注）
三角形の面積の求め方を公式と結び付けて説明している場面
（　）内は筆者注釈，発話者はすべて仮名
発話カテゴリ分類の「説明・質問・回答」深発話◎，浅発話○

明本来の意味に引き戻す役割を果たしていると言える。

　RTCで話し合いの枠組みを提示することの効果は，思考深化のプロセスが生成されることだけではない。児童を向社会的目標の高・低によりH群・L群に分割し，児童の個人的特性とRTCとの交互作用効果について検討した結

果，グループ学習開始前には低かった L 群児童のグループ学習への関与・理解に対する認知が，RTC 有群において向上することが示された。通常のグループ学習では，友達とうまく関わることができないと感じている向社会的目標の低い児童が，RTC の枠組みに沿うことにより，「みんなと仲良く話し合って理解が深まった」と，グループ学習を肯定的に捉えられるようになったのである。

友達から学び，友達に教えるというプロセスを考えれば，子ども同士の学び合いで求められる力は，単なる知的能力とは異なる，何らかの社会的側面が求められている（中谷・伊藤，2013）。今回の結果は，教室の中の学び合いが苦手な児童に対して，RTC が効果をもち得る可能性を示したという点で，大きな意味があるだろう。

## 3．授業デザインの実際

### [1]「ドット図」における 3 段階の思考深化プロセス

第 3 節では，小学校 4 年生の算数科「ドット図」（単元「計算のきまり」東京書籍）を例に，3 段階の思考深化プロセスを集団検討場面に位置づけた，問題解決型の授業展開例を紹介する（図13-4）。

本実践では，集団検討 1 の「考え方を説明する段階」を，ペアと学級全体の 2 つの学習形態で行なった。ペアでは「友達の考え方を推測し，別々に記述された式と図を組み合わせて，考え方を説明する（1 回ずつ交代）」，クラス全体では「（黒板に書かれた）友達の式から考え方を推測し，それを図で表して説明する」こととした。集団検討 1 の「式・図を関連づけて説明する（思考の精緻化）」活動を，ペアだけでなく学級全体でも行ったのは，個々の要素（式・図）の数や距離を段階的に上げ，説明（関連づけ）の難易度を徐々に高めながら，繰り返し説明させることで，学級児童全体の理解の定着を図ったためである。

ここからまとめに入る授業展開も考えられるが，本実践では集団検討 2「考え方を 3 つのグループに分けよう（共通点の抽出）」，集団検討 3「3 つのグループに名前をつけよう（抽象化・概念化）」へすすむことで，「数や図形をま

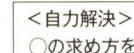

<問題>
右の図で、○は何こありますか。
求め方を１つの式に表し、
答えを求めましょう。

<自力解決>
○の求め方をいろいろな方法で考え、
１つの式と図に表します。図はワーク
シートに、式は付箋に書きましょう。

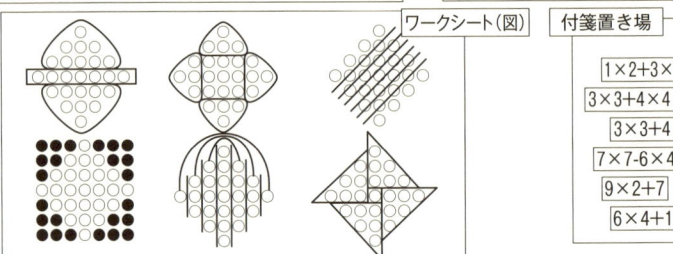

ワークシート（図）

付箋置き場

$1×2+3×2+5×2+7$
$3×3+4×4$
$3×3+4×4$
$7×7-6×4$
$9×2+7$
$6×4+1$

<集団検討>

| 集団検討の段階と（学習形態） | 思考深化プロセスと「段階的問い」 |
|---|---|
| 集団検討1-a.<br>（友達の）考え方を説明する段階（ペア） | 思考精緻化①<br>「図と式を組み合わせて、友達の考え方を説明します。」 |
| RTCによる教示（抜粋）<br>・友達の考えを予想して、図と式がペアになるように、図にふせんをはる。<br>・説明役の人は、友達の考えを、図と式を使って説明する。<br>・質問役の人は、友達の説明が十分でない時に、説明役の説明がくわしくなる質問をする。 | |
| 集団検討1-b.<br>（友達の）考え方を説明する段階（学級） | 思考精緻化②<br>「これは友達が考えた式です。式から友達の考えを予想して、図で表しましょう。」 |
| 集団検討2.<br>いろいろな考え方の共通点を<br>多く見出す段階（学級） | 共通点の抽出<br>「考え方の似ているものでまとめて、３つのグループに分けましょう。」 |
| 集団検討3.<br>いろいろな考え方の共通点を<br>さらに関連づける段階（学級） | 抽象化・概念化<br>「３つのグループを見て、『ドットの数を求めるには、〜といよ。』の『〜』に当たる短い言葉を考えましょう。」 |

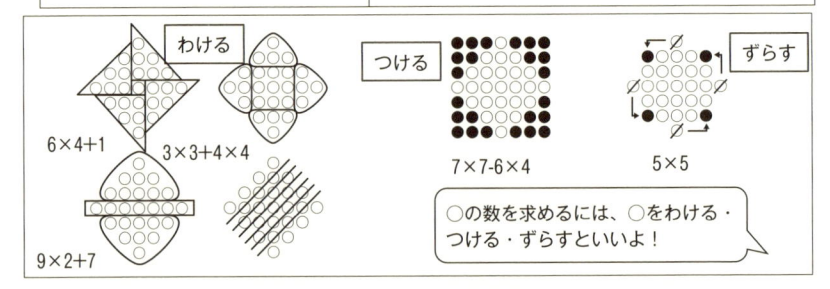

図13-4　「ドット図」授業における３段階の思考深化プロセスと段階的問い

とまりで捉える」という数学的な見方・考え方へつなげたいと考えた。ただし集団検討1で時間を多くかけた分，集団検討2・3では，仲間分けの数を3と指定するなど，段階的問いの難易度を下げるようにした。

## [2] 学び合いを意味づける・位置づける・成り立たせる

　学び合いにおける思考深化のプロセスには，本章で紹介した以外にもさまざまなものがある（例：Webb, 2009）。授業者は，その授業の学習課題に合わせて，どんな思考深化のプロセスを子どもたちにたどらせるのかについて，まず明確にしなければならない（＝学び合いを意味づける）。さらに，そのためにはどんな学び合いの形を，いつ行うことがふさわしいのか考え（＝学び合いを位置づけ），その学び合いを成り立たせるための手立てを検討する（＝学び合いを成り立たせる）必要がある。

　今回紹介した「ドット図」の授業展開は，普通の問題解決型の授業と変わらないと感じるかもしれない。しかしここで重要なのは，授業者が授業をデザインする際に，3段階の思考深化のプロセスを具体的にイメージしたうえで，2つの集団（ペア・学級）の特性を踏まえた学習形態を選択し，それぞれの学び合いを成立させるための手立てを講じた点である。

　「良い授業」の定義は難しく，あるクラスでうまくいった授業デザインが，他のクラスで通用するとは限らない。子どもの実態を考えず，3段階の思考深化のプロセスを形式的になぞる授業をしただけでは，十分な効果は得られないだろう。「自分が今回の授業の中で，何を子どもたちに考えさせたいのか（学び合いの意味）」を突き詰めて考え，クラスの子どもの学び合う姿を具体的にイメージしながら，それを「位置づけ」「成り立たせ」ようとする作業が，質の高い説明や学び合いを生み出すのである。


　教師への提言
　学習指導要領改訂のキーワード「主体的・対話的で深い学び」を受け，学校現場では小グループを取り入れた授業実践を多く見かけるようになった。もちろん子どもたちが意欲的に学び合いに取り組み，学習理解が深まっていく優れた実践も多いが，中には，なぜそこにグループ学習を入れたのか，そこでどん

な学び合いをさせたいのか，その学び合いを成り立たせるためにどんな手立てを取っているのかについて，あまり考えられていないのではないかという（ただ「みんなで話し合いましょう」という）授業もあった。

　本章では，問題解決型授業の核となる集団検討場面において，子どもたちの段階的な思考深化を促すための理論と具体的方略を提案した。先に述べたように，ただ「みんなで話し合いましょう」では，質の高い学び合いは生まれにくい。かと言って，3段階の思考深化や，話し合いの構造化を，ただ形式的になぞるだけでは，学び合いが色褪せてくるだろう。

　実際の授業をする際に重要なのは，目の前の子どもたちのことを具体的に知っている，学校現場の教師の感覚である。基本を押さえたうえで，子どもたちがより輝くようにアレンジを加える。授業者のその試行錯誤こそが，子どもたちも授業者自身をも輝かせることになるのではないだろうか。

## 読書案内

藤村 宣之・橘 春菜・名古屋大学教育学部附属中・高等学校（編著）（2018）．協同探求学習で育む「わかる学力」――豊かな学びと育ちを支えるために―― ミネルヴァ書房（推薦理由：「できる学力」「わかる学力」を学力の両輪と捉え，日本の子どもたちが課題としている「わかる（概念的理解を深める）学力」を育てる方法として，協同的探求学習を提案。その理論的背景や具体的実践を紹介している。）

町 岳（印刷中）．グループ学習における授業実践型相互教授の介入効果 風間書房（推薦理由：グループ学習の学び合いを成立させる方略として授業実践型相互教授を提案。「個人内思考の外化」，「役割付与」，「話し合いの手順の提示」を枠組みとする理論的背景や，学校現場でのさまざまな実践例を紹介している。）

## 文　献

藤村 宣之（2018）．「わかる学力」と「できる学力」，「協同的探求学習」とは 藤村宣之・橘 春菜・名古屋大学教育学部附属中・高等学校（編著）協同的探求学習で育む「わかる学力」――豊かな学びと育ちを支えるために――（pp. 1 -37）ミネルヴァ書房

河崎 美保（2013）．複数解法提示による算数の学習促進効果（p.53）ナカニシヤ出版

河崎 美保・白水 始（2011）．算数文章題の解法学習に対する複数解法説明活動の効果――混み具合比較課題を用いて―― 教育心理学研究, 59, 13-26.

小池 嘉志（2015）．算数・数学の授業における練り上げの重要性とその在り方に関する一考察 日本科学教育学会研究会報告, 29 (9), 59-64.

町 岳・中谷 素之（2014）．算数グループ学習における授業実践型相互教授の介入効果とそのプロセス――向社会的目標との交互作用の検討―― 教育心理学研究, 62, 322-335.

町 岳（印刷中）．グループ学習における授業実践型相互教授の介入効果 風間書房

中谷 素之・伊藤 崇達（2013）．豊かな学び合いに向けて――ピア・ラーニングの展望―― 中谷 素之・伊藤 崇達（編著）ピア・ラーニング――学び合いの心理学――（pp.221-231）金子書房

Palincsar, A. S., & Brown, A. L. (1984). Reciprocal teaching of comprehension-fostering and comprehension-monitoring activities. *Cognition and Instruction, 1*, 117-175.

Stigler, J. W., & Hiebert, J. (1999). *The teaching gap: Best ideas from the world's teachers for improving education in the classroom.* New York, NY: Free Press. (スティグラー・ヒーバード（著）湊 三郎（訳）(2002). 日本の算数・数学教育に学べ――米国が注目する jugyou kenkyuu　教育出版)

橘 春菜・藤村 宣之 (2010). 高校生のペアでの協同解決を通じた知識統合過程――知識を相互構築する相手としての他者の役割に着目して――　教育心理学研究, *58*, 1-11.

Webb, N. M. (2009). The teacher's role in promoting collaborative dialogue in the classroom. *British Journal of Educational Psychology, 79*, 1-28.

# 第14章
# 子どもの読解を促す説明実践

犬塚美輪：東京学芸大学

　「読解」というと国語科の話と思われがちだが，教科書に書かれた論理的文章による「説明」を理解することは，すべての教科にとって重要な活動である。たとえば次のような文章を読むときのことを考えてみよう。

> 　炭酸水をあたためたときに出るあわは，炭酸水にとけた二酸化炭素です。同じように塩酸をあたためると，とけている塩化水素が出てきます。しかし，塩酸にアルミニウムや鉄を入れたときに出てきたあわは「水素」という気体です（大日本図書「楽しい理科」6年 平成30年度版）。

　あなたの知っている小学生は，この文章から液体とそこから発生する気体についてどのように理解するだろうか？　知らない内容であっても，論理的文章をもとに理解できることは，生涯学習の観点からも重要だろう。では，そのためにはどのような指導が効果的なのだろうか。本章では，説明を受け取るスキルとしての読解方略と，説明構築を通して理解することに注目し，授業での説明実践について検討する。

## 1．説明的文章の読解とその指導

### [1] 理解を目的とした文章の読解

　読解は「記号列を表象に構築しなおすこと」であると言える。文字を音に変換し，単語の意味を捉え，単語間の関連性に基づいて全体像を構築する。さらに，自分の経験や他の文章の内容を加えて，元の文章より情報量の多い豊かな表象となることもある。読解の最終目的は，文章全体としてどのような状況を示しているのか，言語的にまたイメージとして頭の中に再現すること，すなわ

ち表象を作り上げることだと言える。本章では，主に教科書で示されるような説明的文章を読み，その内容を理解することに焦点を当て，読解の指導の現状と課題，新たな可能性を考えたい。

## [2] 読解の難しさと指導の重要性

　説明的文章を読んで理解することは，児童生徒にとって決して簡単な課題ではないことが，さまざまな研究によって示されている。近年では，新井（2018; Arai et al., 2017）が大規模な読解アセスメントの実施を通して，説明的文章の読みが困難な学習者が少なくないことに警鐘を鳴らしている。新井たちの研究で題材として用いられたのは，数学や理科・社会の教科書で実際に用いられている短文（文章）であるが，表面的な文構造の把握に関する問題（図14-1A）が困難である学習者が一定程度存在すること，文章で書かれた情報を別の表象と対応付ける問題（図14-1B）が多くの学習者にとって容易ではないことが示されている。

　さまざまな場面で，「教科書を読めばわかる」という前提を置いた指導がなされるが，そうした前提が成り立っていない可能性が指摘される。たとえば，効果的な予習として「教科書を読んでくること」が提案されており，一定の効果が示されているが，教科書の説明から適切な表象を作ることが困難な児童生徒もいるということに目を向ける必要があるだろう。同様に，「わからなくなったら教科書を読んでごらん」という教師のはたらきかけは，単独では読むのが苦手な学習者にとっては有効な学習支援とはなりえないと推測できる。

　こうした実態を踏まえれば，授業の中でも「教科書をどのように読解するか」を指導する必要があると言えるだろう。ただ「教科書を読んでごらん」と言うのではなく，当該領域に関わる文章をどのように読んだらよいのか，という教科書の読み方を指導するのである。

　文章をよりよく理解するための意識的なプロセスを「読解方略」と呼ぶ（犬塚, 2013; 犬塚・椿本, 2014）が，読解方略は学習者が自分の力で文章から説明を表象として構築するための読み方だと位置づけられる。読解方略は表面的な意味を把握するためのものから，自分の経験や知識と結びつけて理解を深めるものまでさまざまに提案されている（表14-1）。

A 例題

以下の文を読みなさい。

　天の川銀河の中心には，太陽の400万倍程度の質量をもつブラックホールがあると推定されている。

この文脈において，以下の文中の空欄にあてはまる最も適当なものを選択肢のうちから1つ選びなさい。

　天の川銀河の中心にあると推定されているのは（　　　）である。

○ 天の川　　　　　　　　　○ 銀河
○ ブラックホール　　　　　○ 太陽

B 例題

下記の文の内容を表す図として適当なものをすべて選びなさい。

　四角形の中に黒で塗りつぶされた円がある。

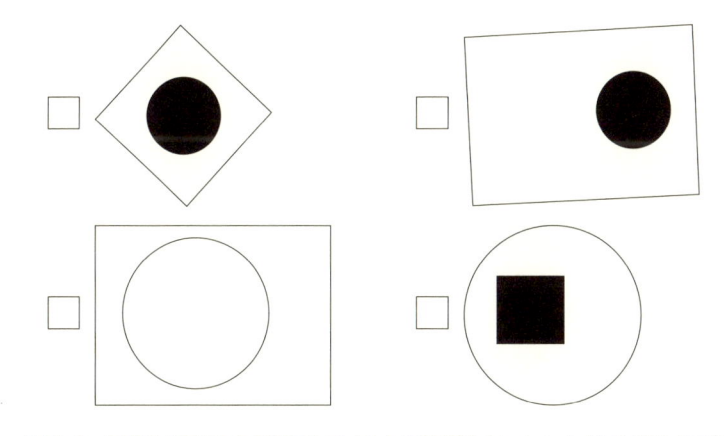

図14-1　新井らの開発した読解アセスメントの問題例（Arai et al., 2017; 新井, 2018）

表14-1　論理的文章の読解方略の例（犬塚, 2002; 犬塚・椿本, 2014; National Reading Panel, 2000; Pressley & Afflerbach, 1995を参照して作成）

| 方略の種類 | 具体例 |
| --- | --- |
| 意味明確化・推論 | 代名詞の先行詞を探す／欠けている情報は何か考える／自分の言葉で言い換える／簡単に言うとどういうことか考える |
| 基礎プロセスのコントロール | 読むスピードを調節する／わからないところを繰り返し読む |
| モニタリング | 自分が使っている方略の効果をチェックする／わからないところはどこか考える／内容が分かっているか自分に問いかける／先生ならどういう質問をするか考える |
| 要点把握 | キーワード文を探す／トピック文，トピック段落を探す／重要な箇所を書きぬく／要点を図やリストにまとめる |
| 構造注目 | 文章の組み立て（構造）に注意して読む／接続詞に注目して読む／意味段落に分けて考える |
| 既有知識の活用 | 知っていることと関連するか考える／自分の知識と結び付けて考える／ |

　こうした方略を駆使して文章から表象を構築することは，学校卒業後に教師からの補助なしに学び続ける力としても重要であろう。「教科書は（単独では）用いない」「わからない学習者には教師がその都度丁寧に説明すればよい」という対応は，その授業での理解としては解決策になるかもしれないが，長期的な問題の解決という意味では十分ではない。そのため，教科書に代表される説明的文章を読んで理解するとはどういうことか，教科書に書いてあることを読み取るにはどうしたらよいのか，という点について学習者に説明し，スキルとして獲得できるような指導を実践する必要がある。

### ［3］方略をどのように教えるか

　「読んで理解する」ことを目的とする読みの指導は，国語科の指導事項として中心的に位置づけられている。しかし，説明的文章の読みはあくまで「国語科の指導内容の一部」に過ぎない。小中学校で採用されている教科書の多くは，物語文と説明文の比率はほぼ同程度で，筆者が知りえる限りでは，「年間の指導計画では物語文の方が多く時間を使っている」という教員が多いようである。そのほかに言語的事項（文法や漢字など）の指導があることを考えると，「説明的文章を読んで理解する」ための指導に充てられる時間は年間を通

して国語の授業の一部に過ぎないと言える。

　一方，説明的文章の読解指導の在り方には，この10年ほどの間に変化が見られた。かつては，読解方略やその適用方法が授業で取り上げられないこと（Pressley et al., 1998）や，学習者自身が実践するべき読み方として認識されていないこと（犬塚, 2008）が指摘されており，「授業内の活動を通して暗黙的に学習することを期待されるもの」として位置づけられていたと言えるが，近年では，明示的指導を意識するような動きも見られる。国語教科書の中には「読み方」をトピックとして明示的に取り上げるものもある。たとえば三省堂『現代の国語』では教材に合わせた方略や読解に関わる知識を〈読み方を学ぼう〉という節を設けて提示している。一般に，方略の指導は，目的や場面に適した方略の組み合わせを示し，どのように読めばよいかを具体的に指導する明示的な指導が有効だとされている（National Reading Panel, 2000）。こうした教科書の構成が，国語科の授業の中での読解方略の指導をより有効なものにする助けとなることが期待される。

　では，国語科以外の授業ではどうだろうか。現状では，国語科以外で読解がテーマになることは非常にまれである。市販の書籍から，算数・数学や理科，社会の授業指導案を見てみても，そこで「読むこと」を中心とした指導を計画しているものはほとんど見受けられない。多くの教科で「教科書」という説明的文章を教具として用いる一方で，その読み方（読解方略）の指導は国語科のみが中心的な指導事項として担っていることが推察される。

　しかし，教科書の分析からは，教科によって用いられる文章の特徴があり，焦点化するべき読解方略があることが示唆される。たとえば，新井ら（2018）は，理科の教科書を分析し，小学校から中学校にかけて「定義を表す文」が急増することを明らかにしている。また，富安（2019）は，社会科の教科書の特徴を分析し，参照すべき情報が離れた場所・ページに記載されていることや，必ずしもすべての情報についての説明が教科書に記載されているわけではないことを指摘している。そのため，理科では定義を示す文章の構造の知識が，社会では離れたところにある情報を参照する方法についての知識が，それぞれの教科書での説明を理解するうえで重要になるだろう。このような，教科によって重要性の高い，ある種の領域特有の読解方略を国語科の授業で指導すること

は難しいだろう。それぞれの授業の中で取り上げて指導されるべき内容だと考えられるが，前述したように，国語科以外の授業で読解がテーマになることは非常にまれであり，十分な指導がされているとは言えない。国語科だけでなく，ほかの教科でも，その教科の学習において必要とされる読解方略をどのように指導するかを考える必要があるだろう。

## 2. 説明活動と読解の指導

### [1] 説明活動と読解

　次に，学習者が説明することと，読んで理解することの関連について取り上げる。近年，アクティブ・ラーニング（あるいは「対話的で深い学び」（文部科学省，2017）や言語活動が重視されるようになり，授業の中で，学習者が発表したりプレゼンテーションを行ったりする機会が増えている。心理学の研究知見からは，読んだ内容について発表したり説明したりする活動が読解を促進することが示されている。なぜ説明が理解を促進するのか，詳しく見てみよう。

　第一に，読むことの目的が学習者にとって必然的な形で提示されるため，読む動機づけを高めることが挙げられる。読解の目的は自分の頭の中に一貫した理解表象を構築することであるが，学校での学習の中には，学習者が自ら「このことについて理解したい」という内発的動機づけを持てない場面も少なくない。「これを読んでどうするの？」「なんのために読むの？」という学習者に「他者に説明する」課題を課すことで，一貫した理解表象を構築する必然性が生じるため，結果として理解への動機づけを高めることができると考えられる。

　第二に，自己説明による精緻化が読解を促進すると考えられる。自己説明の研究（Chi et al., 1994, 第12章参照）でも示されているように，説明を構築することは精緻化を促す。その一方で，学習者が自発的に「理解のための説明」をしようとすることは少ない（Renkl, 1997）。そのため，「クラスのみんなの前で発表する」という活動を実施することは，学習者の自己説明とそれによる精緻化を促進する活動となると考えられる。レンクルとアトキンソン（Renkl

& Atkinson, 2003）では，自己説明の効果はより良い説明をするための練習によって高められることが示されている。アクティブ・ラーニングの一環として，説明の仕方を指導したり，より良い説明になるよう練習の機会を与えることは，学習者の精緻化を促す効果をより高めると考えられる。

　第三に，「わかったつもり」になっていることに気づきやすくなることが読解を促進すると考えられる。大人もよく経験することであるが，「わかった」「知っている」と思っていることであっても，他者から改めて説明を求められると言葉に詰まったり，「あれ？　わかってると思ったんだけど」と実は理解できていないことに気づいたりする。他者に説明しようとしたり，説明に対する質問を受けたりすることが理解不足を認識する契機となることも多いだろう。

### ［2］読解を促進する説明活動の実践状況

　では，実際の言語活動を取り入れた指導場面では，こうした説明の効果が十分に発揮されていると言えるだろうか。小学校国語科の教師向け指導事例集9冊から説明文読解を題材とした言語活動の指導案・事例を抽出し，その実践内容を検討した。その結果，説明文読解を題材とした言語活動は全部で37件見つけられるものの，そのうち，読んだ内容の説明や発表の活動が含まれるのは12件であった。発表やプレゼンテーションは「話すこと」の指導として数多く取り上げられている一方で，それらの指導では「観察したこと」「体験」「活動の企画」などを題材として取り上げるものが多く，読解指導と説明は結び付けられにくいことが示唆されたと言ってよいだろう。

　説明文読解の指導では，ワークシートなどを用いながら，説明文の構造に目を向けさせ，方略的な読解を促進しようとするさまざまな活動が提案されている。たとえば，熊谷（2010）では，小学校2年生を対象とした説明文理解の単元において，「海の生き物図鑑を作る」という目的を示し，情報をワークシートに整理させている。これは，具体的な目的のもとに，情報を整理し教材文の理解を向上させる取り組みと言えるだろう。説明や発表を取り入れた活動でも，構造や要点に注意を向けさせる活動が一緒に取り組まれていることが多い。たとえば，牧岡（2011）は小学校4年生を対象とした授業で，ただ発表を

求めるだけでなく，内容をコマ漫画にすることで内容のまとまりを把握できるような工夫を取り入れている。

　一方，説明や発表を取り入れた言語活動の実践提案にもいくつかの課題が指摘できる。第一に，理解表象構築のための説明活動が少ないことが指摘できる。前述のように，説明や発表の活動の指導事例は12件あったが，その中には，「読んで理解した内容」ではなく，「感想」や「意見」「気づいたこと」の発表が主な活動だと考えられるものも4件含まれる。おそらく，授業の中で十分理解できるように教師が足場かけを行ったうえで説明の活動が導入されるため，あらためて「何が書いてあったか」を学習者同士で確認する機会の意義が薄れてしまうこともあるだろう。この点について，たとえば前出の牧岡（2011）は，学習者が個々に資料を選択し，その内容について説明する活動を取り入れることで，自分の読解を他者に説明する機会を設けている。このような各々の読解の説明は，理解表象構築のための説明活動として効果を発揮すると考えられる。

　第二に，理解不足を認識する契機となるようなやりとりを行わせようとする実践が少ないことを指摘したい。上に挙げた11件の言語活動のうち，説明についての「話し合い」の機会があるのは5件であった。いずれの場合も，どのように説明するかについてはワークシートを用いたり丁寧な指導を実施したりしているのに対して，質問の仕方や良い質問の在り方についての指導は見られない。5件の「話し合い」を取り入れた指導においても，「説明をより精緻にするような質問」が指導されている事例はなく，お互いに認め合うことや感想を述べることに主眼が置かれていた。このような傾向は，読解ではなく「聞くこと・話すこと」に焦点を当てた国語科の指導にも共通していると言えるかもしれない。他者の説明にどのように質問するかという点に注目した指導は少なく，「良いところを認める」などの相互評価がなされている場合が多いようである。質問が相手の理解を深める契機となることを示し，よりよい質問ができるような指導を行うことが，説明活動をより効果的なものにするのではないだろうか。

## 3. 読解を促進する授業づくり：説明の観点から

　ここまで，読解方略をさまざまな教科において指導することと，言語活動の中で説明の構築や理解不足を認識する契機となるような説明活動を取り入れることが重要であると述べてきた。最後に，そうした指導・活動がどのように実践できるかを提案し，本章の結びとしたい。

　まず，読解方略の指導については，さまざまな教科で，各教科の教科書の特徴と理解目標のもとで，具体的な読み方が示されることが重要だと考えられる。読解指導の研究のレビューからは，効果的な指導のためには「本質的な目標のもとで明示的に方略指導がなされること」が重要であることを示している（National Reading Panel, 2000; 犬塚, 2016）。現状では，国語科の授業に実質的には閉じている読解指導を，他教科にも開き，教科の特徴に沿った読解指導が実践されていくことが望まれる。

　次に，説明活動を推進していくなかで，最終的な成果だけでなくプロセスを重視することや，「質問すること」の価値を指導することが必要だと考えられる。まず，説明構築のプロセスに目を向けると，「良い説明」を目指した活動が重要になる。レンクルとアトキンソン（2003）では，数学や物理の問題解決における説明を分析し，「良い説明」の特徴として，①原理原則に基づいていること，②目標や目標達成の手段が関連づけられていること，③表面的には異なる問題同士を関連づけて抽象的な枠組みを提示していることの3点を挙げている。読解を，たとえば「液体から発生するあわの違いについて理解する」ことを目的とした問題解決行動と捉えると，共通する「良い説明」を考えることができるだろう。たとえば，液体と気体の組み合わせを羅列的に並べるのはあまり良い説明ではなく，ある原則（温めた場合とほかの物質を混ぜた場合）に沿って整理することや，「化学反応という抽象的枠組み」を捉えた説明の方が，より「良い説明」になる。

　このような「良い説明」は，学習者が自力で構築できない場合も多く，指導者からの足場かけが必要になる。たとえば，手本の提示（Bielaczyc et al., 1995）や，説明の枠組みの提示（清河・犬塚, 2003）によって，「良い説明と

はどのようなものか」という知識獲得を助けることは効果的な足場かけとなるだろう。また，説明にどのような点が不足しているかを指摘したり，説明の仕方や良い説明の在り方についての質問に答えるようなコーチング（Renkl et al., 1998）も，学習者がより良い説明を構築する助けとなるだろう。また，学習者の説明が，「大事そうなところのピックアップ」になってしまい，一貫性やつながりが十分でない場合には，つながりを問うような質問を投げかけることも，より良い説明のための指導として重要である（King, 1994）。

　次に，より精緻化された説明のためには，説明される側の質問が重要であることを指摘したい。質問されることが説明者のメタ認知を向上させることを示す研究例として，清河・犬塚（2003）が提案した「相互説明」におけるやりとりを挙げよう。「相互説明」では，読んだ内容について説明し合う活動を行うが，この枠組みを用いた指導の中で，質問が説明者の説明をより精緻化する契機となっている。たとえば，指導の初期には羅列的な説明しかできなかった学習者に対して「つながりは？」と質問することで，文章の構造をより意識した説明がなされるようになったことが示されている。より実証的な関連研究としては，篠ヶ谷（2013）が，歴史教科の予習のために教科書を読むという場面での介入の効果を検討している。この研究では，教科書を読む際に，「なぜその出来事が起こったのか」に注目して質問を作るとよい，というアドバイスを受け，さらにその質問への回答を作成した学習者の授業内容の理解が促進されることが示されている。これらの研究からは，質問に答えることが，本人の読解や理解を向上させることが示唆される。

　しかし，学習者にはこうした質問されることの効能が十分に理解されていないようにも思われる。たとえば，多くの学校が，「話すこと」の指導としてプレゼンテーションの課題を取り上げているが，取り組む子どもたちの中には「質問が出ることは，『発表が良くなかった』という評価である」という信念を持つものも少なくないようである。自分では気がつかない理解の不足や精緻化の不足に気がつく契機として，質問が有用であることを示し，発表で質問が出るのは「良いことだ」という認識を育てることが重要だろう。また，「聞くこと」の指導の中で質問が説明者のためになることを明示的に指導するとともに，その指導を「読むこと」の指導の中でも活かしていく工夫も必要だろう。

新しい指導要領においても，アクティブラーニング（あるいは「対話的で深い学び」（文部科学省, 2017）や言語活動は，引き続き望ましい教育実践として提示されているが，読解の観点からは，活動がアクティブ（言語を用いている）ことだけではなく，それが学習者の理解・読解を本質的に高めることが重要である。教育実践者には「『活動あって学びなし』となってはならない（中央教育審議会, 2016)」という警句が知られているが，読解の観点から考えるべき「学び」を促進するために，ただ「発表」「プレゼンテーション」という形を追求するのではなく，指導者による読み方の明示的説明や，説明の構築と練習，質問による読解プロセスの向上が目指されるべきだろう。こうした観点から，授業の中での言語活動がますますさかんになり，新たな指導枠組みの提案がなされることを期待したい。

### 教師への提言

　本章では，読解に焦点を当てて，学習者にとって何が難しいか，どのような指導が必要か，説明の観点から論じてきた。これを受け，日々の授業での教師の取り組みや工夫として以下の３つを提言したい。

　第一に，教科書のような教科の指導において基本的な文章を理解することが，個々の学習者にとってどの程度困難であるかをよく見極めることを心がけてほしい。「あとは教科書に書いてあるから」と学習者に任せる前に，その読み方を彼らがわかっているか，理解のためのスキルが身に付いているかを考えることが重要である。第二に，読み方は教えることができるし教えるべきだ，と考えてほしい。「たくさん本を読めばいつかできるようになる」と言うのではなく，たとえば自分はどのようなところに注目しながら読んでいるか，どんな方略を用いているかを改めて見直し，それを学習者に示す工夫を考えることが，読解が苦手な児童生徒の助けとなるだろう。最後に，読解の指導において，理解を目的とした説明と質問を積極的に取り入れることを提案したい。キーワードの羅列ではなく一貫性のある説明を構築すること，またそれを後押しする質問がなされることが，活動の中で読解を促進する方策として有効である。説明・質問の練習をする機会を設けるとともに，それが読解促進に結びつくことを学習者に示し，練習の質を高めていきたい。

### 読書案内

犬塚 美輪・椿本 弥生（2014）．論理的読み書きの理論と実践　北大路書房（推薦理由：論理的

文章を読むことと書くことについて，文章だけでなく，日常的場面での非線形テキストの読解まで視野を広げて検討し，教育の可能性と必要性について検討している。）

# 文　献

新井 紀子（2018）．AI vs. 教科書が読めない子どもたち　東洋経済新報社

Arai, N. H., Todo, N., Arai, T., Bunji, K., Sugawara, S., Inuzuka, M., Matsuzaki, T., & Ozaki, K. (2017). Reading skill test to diagnose basic language skills in comparison to machines. Proceedings of Annual Conference of Cognitive Science Society (CogSci2017).

新井 庭子・分寺 杏介・松崎 拓也・影浦 峡（2017）．テキスト読解の困難さに関する定量的分析——小・中学校の理科教科書を事例として　人文科学とコンピュータ, 5, 1-8.

Bielaczyc, K., Pirolli, P. L., & Brown, A. L. (1995). Training in self-explanation and self-regulation strategies: Investigating the effects of knowledge acquisition activities on problem solving. *Cognition and Instruction, 13,* 221-252.

Chi, M. T. H., De Leeuw, V, Chiu, M. H., & La Vancher, C. (1994). Eliciting self-explanations improves understanding. *Cognitive Science, 18,* 439-477.

中央教育審議会（2016）．幼稚園，小学校，中学校，高等学校及び特別支援学校の学習指導要領等の改善及び必要な方策等について（答申）（中教審第197号）文部科学省 <http://www.mext.go.jp/b_menu/shingi/chukyo/chukyo0/toushin/1380731.htm>

犬塚 美輪（2008）．中学・高校期における説明文読解方略の発達と指導　博士論文 東京大学（未公刊）

犬塚 美輪（2010）．文章の理解と産出　市川 伸一（編）現代の認知心理学5 発達と学習（pp.201-226）北大路書房

犬塚 美輪（2002）．説明文における読解方略の構造　教育心理学研究, 50, 152-162.

犬塚 美輪（2013）．読解方略の指導　教育心理学年報, 52, 162-172.

犬塚 美輪・椿本 弥生（2014）．論理的読み書きの理論と実践　北大路書房

King, A. (1994). Guiding knowledge construction in the classroom: Effects of teaching children how to question and how to explain. *American Educational Research Journal, 31,* 338-368.

清河 幸子・犬塚 美輪（2003）．相互説明による読解の個別学習指導：対象レベル——メタレベルの分業による協同の指導場面への適用　教育心理学研究, 51, 218-229.

熊谷 潤平（2010）．海の生き物図鑑づくり：「サンゴの海の生き物たち」（光村図書）ほか．横浜市小学校国語教育研究会（著）豊かな言語活動を図る単元の構想：活用して，知識技能を獲得する（pp.112-115）東洋館出版社

牧岡 優美子（2011）．必要な情報を探して読む説明文指導　水戸部修治（編著）（2011）．小学校国語科言語活動パーフェクトガイド3・4年（pp.72-79）　明治図書

文部科学省（2017）．学習指導要領

National Reading Panel (2000). Teaching children to read: An evidence-based assessment of the scientific research literature on reading and its implications for reading instruction. Bethesda, MD: National Institute of Child Health and Human Development.

Pressley, M., & Afflerbach, P. (1995). Verbal protocols of reading: The nature of constructively responsive reading. Hillsdale, NJ; Lawrence Erlbaum Associates.

Pressley, M., Wharton-McDonald, R., Mistretta- Hampston, J., & Echevarria, M. (1998). The nature of literacy instruction in ten grade-4/5 classrooms in upstate New York. *Scientific Studies of Reading, 2,* 159-194.

Renkl, A., & Atkinson, R. K. (2003). Structuring the transition from example study to problem solving in cognitive skill acquisition: A cognitive load perspective. *Educational Psychologist, 38*, 15-22.

Renkl, A., Stark, R., Gruber, H., & Mandl, H. (1998). Learning from worked-out examples: the effects of example variability and elicited self-explanations. *Contemporary Educational Psychology, 23*, 90-108.

篠ケ谷 圭太（2013）．予習時の質問生成への介入及び回答作成が授業理解に与える影響とそのプロセスの検討　教育心理学研究, *61*, 351-361.

富安 慎吾（2019）．RST から見た中学校理科・社会科教科書の分析と指導の提案 2019年３月15日広島大学研究拠点創生フォーラム「東広島市中学生の『読解力』の展望」における発表

## 言語活動のレビューに使用した書籍

早坂 五郎（2011）．すぐ使える言語活動のアイディア　東洋館出版社

小森 茂・角屋 重樹（編著）（2010）．『ことば』で伸ばす子どもの学力：小学校・言語活動の評価と指導のポイント　ぎょうせい

水戸部 修治（編著）（2011）．小学校国語科言語活動パーフェクトガイド１・２年　明治図書

水戸部 修治（編著）（2011）．小学校国語科言語活動パーフェクトガイド３・４年　明治図書

水戸部 修治（編著）（2011）．小学校国語科言語活動パーフェクトガイド５・６年　明治図書

文部科学省（2011）．言語活動の充実に関する指導事例集：思考力，判断力，表現力の育成に向けて（小学校版）教育出版株式会社

大越 和孝・成家 亘宏・藤田 慶三（編著）（2010）．小学校国語『読むこと』の言語活動例の展開東洋館出版社

横浜市小学校国語教育研究会（2008）．小学校国語 豊かな言語活動で読解力を育てる：活用する力が高まる授業　東洋館出版社

横浜市小学校国語教育研究会（2010）．小学校国語 豊かな言語活動を図る単元の構想：活用して，知識・技能を獲得する　東洋館出版社

# 第15章
# 子どもの意見文産出を支える教師の説明

小野田亮介：山梨大学

　本章では，作文活動の中でも，自分の意見を説得的に説明する意見文産出に注目する。意見文産出では，自分と異なる意見の受け手（読み手）を想定することが重要になる。具体的に言えば，自分の意見に対して受け手が提示し得る疑義や反論を想定し，そうした反論への応答（再反論）を考える必要がある。自他の意見を比較し，差異や共通点を示しながら自分の意見の妥当性を説明することは，文章の説得力を高めるうえで不可欠であると同時に，自分の思考の根拠を探り，論題への理解を深める契機となる。しかし，児童生徒にとって（大人であっても），自分と対立する意見や受け手を想定することは困難であり，自分の意見を一方的に説明する文章を書く傾向にある。本章では，こうした現象の克服を促す指導方法について児童を対象とした研究の知見から論じ，教師による作文指導のデザインを考えていきたい。

## 1．文章による意見の説明

### [1]　意見文とは

　本章では，意見文を「読み手の説得を目的として，自分の意見を説明する文章」として捉えることとする。ただし，これは他の文章ジャンル（例：説明文，感想文）との厳密な区別化を図るための定義づけではない。作文の目的はそれぞれで異なるかもしれないが，一つの文章には説明や説得といった複数の側面がさまざまな比重で含まれるため，ジャンルを厳密に区別することは難しい（例：自分の学校の魅力を説得的に伝えるための文章には，学校の設備に関する「説明文的」な文章や，体験に関する「感想文的」な文章，魅力に関する「意見文的」な文章が含まれるだろう）。以降では，「意見文」という用語を用

いるが，それは他のジャンルを議論から排除するためのものではなく，意見文を対象とした研究の知見であっても，他のジャンルの作文指導に応用可能な要素を多分に含んでいることに留意していただきたい。

## [2] 反対立場の読み手と反論を想定する必要性

　読み手の説得を目的とするということは，その読み手が書き手（以降，「説き手」と同じ意味で用いる）と異なる立場にいることを含意している。したがって，意見文産出では自分と異なる（多くの場合，反対の）立場の読み手を想定し，そうした読み手に対して説得的に意見を説明することが求められる。

　反対立場の読み手に意見を説明するうえでは，読み手の言い分や質問（以降，反論）を想定し，その反論に応答（以降，再反論）しながら意見を説明する必要がある（例：Nussbaum & Kardash, 2005）。こうした立論の方法は，しばしば「私は〜だと思う（主張）。なぜなら〜だからだ（賛成論）。たしかに〜という意見もある（反論想定）。しかし〜（再反論）。したがって〜だと思う（主張）。」といった型によって示されることもある。ここで興味深いのは，他者の説得において，自分の主張を支持する賛成論を積み重ねる（例：私は〜だと思う。なぜなら〜だからだ。また〜。さらに〜。加えて〜。）のではなく，あえて反対側の意見に言及しながら自分の意見を説明する遠回りの文章構成が必要とされる点である。この理由について，先行研究では大きく2つの点が指摘されている。

　第1の理由は，反論想定と再反論を含むことで意見の説得力が向上する点である。これは，メタ分析という研究手法により明らかにされている（メタ分析とは，同一のテーマについて行われた複数の研究結果を統計的な方法を用いて統合する分析方法であり（山田・井上, 2012），研究間で共通して確認される傾向や，研究の動向を明らかにしようとする）。たとえば，アレン（Allen, 1991）やオキーフ（O'Keefe, 1999）によるメタ分析では，賛成論だけで構成された意見に比べ，反論想定と再反論を含む意見の方が説得力をより高く評価される傾向にあることが示されている。

　第2の理由は，反論想定と再反論を考えることで論題に対する思考が深まる点にある。私たちは論題（例：人工中絶の是非）に対して直感的・主観的思考

を先行して駆動させる傾向にあり（例：Kahneman, 2011），反対立場の他者が論題をどのように捉えているかについて熟考的・客観的思考を行わないことがある（例：「悪いものは悪い」と一方的に判断したり，反論を考えること自体が不適切だと考える）。それは，自分の意見の正しさを信じて疑わないなど，偏った判断や推論の根源となる可能性があり，社会的論題だけでなく，科学的論題においても最適な解に到達する妨げとなり得る。この問題を解決するためには，自発的に反論を想定し，自分がどう再反論できるかを考えることが効果的である。再反論できないのであれば，それは自分の意見を修正したり，譲歩したりする必要性を示している。一方，適切に再反論できるのであれば，それは自分の意見を説明することの有意味性を示していると判断できる。こうした思考は，論題への理解を深めるだけでなく，意見の質を高めるうえでも不可欠だと言えるだろう。

## 2．読み手への意識を促す教師の説明

### [1] 反対立場の読み手を想定することの難しさ

　一般的な作文活動において，目の前に読み手がいる場合は少なく，読み手から直接的，即時的な反応を受けることは期待できない。それゆえに，書き手は自ら「読み手意識（audience awareness）」をもち，読み手の知識や反応を予測しながら文章を書く必要がある。

　しかし，反対立場の読み手や反論を想定することは容易なことではない。なぜなら，私たちは意見を説明する際に，自分に有利な賛成論は積極的に産出するのに対し，自分に不利な反論の産出には消極的になるという認知的な偏り（バイアス）を有しているためである。こうした偏りはマイサイドバイアス（my-side bias；自分の立場への偏り）と呼ばれ（Perkins, 1989），ある程度の学習歴がある高校生や大学生以降でも確認されている（例：Baron, 1995）。つまり，マイサイドバイアスは加齢的発達にともなって自然に克服されるバイアスではなく，それを克服するための特別な指導を要すると言える。だからこそ，学校教育においてマイサイドバイアスを克服できるように指導することは，その後の社会生活における児童・生徒の思考や態度，および意見の説明能

力を保証するうえで重要になると考えられる。

## ［2］教師による目標提示

　反論の想定とそれに対する再反論を促す方法の一つとして，従来，目標提示（goal instruction）による指導の効果が示されてきた。たとえば，「あなたの立場を正当化する理由をできる限り書きましょう。また，その理由を支持する証拠についても提示してみましょう。さらに，他者があなたに反対し得る理由について2つか3つ言及し，なぜそれらの理由が間違っているかを論じましょう」といった目標を提示し，マイサイドバイアスを低減させることがそのねらいとなる（例：Nussbaum & Kardash, 2005）。この指導の利点は，一斉授業で容易に実施できるという実行可能性の高さと，短時間で成果を出すことができる点にある。もちろん，意見文の書き方について十分に時間をかけて指導することも必要であるが，その指導と並行的に目標を提示したり，指導後にその内容を振り返る足場かけとして目標を提示したりするなど，目標提示は指導方法のオプションの一つとして有効な方法となり得る。そこで以降では，小学校の意見文産出指導を対象として，一斉授業による目標提示の効果について検討した研究の内容を紹介していく。

## ［3］目標提示による指導の課題：目標に対する説明の不足

　目標提示の効果は複数の研究を通して示されてきた。しかし，児童生徒は読み手の想定や，読み手に合わせた文章調整に困難さを示すことも報告されており（例：Lindgren et al., 2011; 小野田, 2014），目標だけでは十分な効果が得られないことも指摘されている（例：Ferretti et al., 2000）。つまり，目標提示による指導は一斉に低コストで実行できる反面，児童生徒に対してはその効果が限定的である点に課題があると言える。

　筆者はその原因として，従来の研究が理想的な意見文の在り方からトップダウン的に目標を設定，提示しており，児童の実態に適った目標提示がなされていない可能性を考えた。つまり，目標そのものは理想の意見文に照らして妥当な内容であっても，児童がそれを理解し，自分の書き方として内化するための教師の説明が行われていないのではないかと考えたのである。そこで，研究の

遂行においては，まず反論想定と再反論の産出において児童が困難さを示す点を明らかにし，その困難さを解決するための説明を児童に与えることで，目標達成を促すこととした。

小野田（2015）では，まず，小学校4年生の意見文産出活動（テーマの例：お金を学校に持って行くことは良いこと？　悪いこと？）を対象として，「自分の立場だけでなく，あなたと反対立場の人がどう言うかを考えながら書きましょう」という目標を提示し，読み手からの反論を考えながら意見を説明するように求めた。なお，ここでは目標についての教師の説明は行われなかった。その結果，目標を提示された37名の児童のうち，23名（約60％）の児童は反論を想定して意見文を書いていたのに対し，14名（約40％）の児童は反論を想定せずに意見文を書いていたことが示された。しかも，反論を想定していた23名のうち，その反論に再反論による応答を行った児童はわずか2名（約8％）であり，その他の児童は反論を想定するだけで，その内容については無視したり，一方的に否定して意見を説明していた。

そこで次に，課題を実施した学級の教師とともに，反論を想定しなかった児童の特徴について検討した。その結果，大きく分けて3タイプの児童がいることが確認された。1つ目のタイプは，反論を想定した意見文の書き方がわからない児童である。たとえば，「どう書けばいいかわからない（から反論を書かなかった）」と報告する児童は，反論想定の必要性を感じていながらも，それを文章化する方法がわからなかったのだと推察される。これらの児童に対しては，反論想定や再反論を文章化するための方略を教師が説明する必要があるだろう。2つ目のタイプは，反論を想定することの意味を理解していない児童である。たとえば「書く意味がわからなかった」と述べる児童が確認された。これらの児童に対しては，反論想定や再反論を行うことの必然性について教師が説明する必要があると考えられる。3つ目のタイプは，反論を想定することに感情的な戸惑いを有する児童である。たとえば，「（反論を考えることを）なんか悔しい」と表現する児童が確認された。これらの児童は，反論を考えることを，自分の立場の不利を認める記述（いわば，負けを認める記述）として捉えていたために，目標を達成しなかったのだと考えられる。したがって，自分の感情を優先させずに自分と反対の立場から論題を捉えることの必要性について

教師は説明する必要があると考えられる。

　以上の結果は，「反対立場の読み手と，反論を想定するように求める」という単純な（に見える）目標であっても，それを十分な水準で達成するためには，目標を達成する意義や，具体的な方略について教師が複数の観点から説明する必要があることを示唆している。すなわち，目標提示の効果を高めるためには，文字どおり目標を提示するだけでなく，教師が目標の説明を行うことが重要になると言えるだろう。

## ［4］目標提示の効果を高めるための「最小の説明」

　上述の結果を踏まえ，次の意見文課題では目標の提示に加え，目標を達成するための「方略」と，目標達成の必要性を役割として伝える「役割付与」の2点について説明を加筆して児童に提示した。また，説明の加筆においては，一斉授業で容易に実施できるという目標提示の低コスト性を重視し，必要な要素に絞った「最小の説明」となるように工夫した。

　まず，「反論を想定した文章の書き方がわからない児童」への対応として，3点の目標とそれに対応する方略の説明を行い，目標を達成する方法を明確化した。また，「反論を想定することの意味を理解していない児童」と，「反論を想定することに感情的な戸惑いを有する児童」への対応としては，マイサイドバイアスの克服が義務となる役割として，新聞記者のつもりで意見文を書くように求める役割付与を行った。プロの新聞記者のつもりで書くという「自分を棚上げした」意見の説明を求めることで，反論想定に対する感情的な戸惑いの影響を抑制することがねらいであった。実際に提示した目標・方略・役割付与を以下に示す。

---

みなさんにはプロの新聞記者として意見文を書いてもらいます。新聞記者は，自分の意見を「公平に」，「読者が納得するように」書かなければなりません。

〈1〉だれが読んでもわかるように書きましょう。[目標]
　「そのために」
プロの新聞記者は，「なぜ自分はそう思うのか」について理由をしっかり書かなければなりません。[方略]

---

〈２〉読んでいる人の気持ちを考えて書きましょう。［目標］
　「そのために」
プロの新聞記者には，「自分が読者だったらどのように感じるかな？」と考えて文章を書くことが求められます。［方略］

〈３〉あなたの意見と反対の意見の人が納得してくれるように書きましょう。［目標］
　「そのために」
あなたと反対の意見にも良いところがあるかもしれません。プロの新聞記者は自分の好ききらいにかかわらず，反対意見の良いところも考えなければなりません。［方略］

※［　］内は目標・方略の区分を示す。また下線部は役割付与を行った条件でのみ提示した箇所である。
※対照群には［目標］のみを提示し，方略提示群には［目標］と［方略］を提示した。ただし，方略提示群に対して下線部は提示しておらず，目標達成を義務化しない表現（例：「考えなければなりません」ではなく「考えましょう」）で同じ内容を提示した。方略・役割群には上述の文章をすべて提示した。
※方略の文章に「プロの新聞記者は」といった文言を含んだり，語尾を「〜なりません。」としたりしているのは，児童が新聞記者になりきることを促し，目標達成を義務として捉えるように促すためである。

　小学校５年生の３学級を対象とし，事前意見文課題を行った後，各学級を（a）目標だけを提示する「対照群」，（b）目標と方略を提示する「方略提示群」，（c）目標と方略に加えて役割付与を行う「方略・役割群」に割り当て，事後意見文課題を行った。事前から事後にかけて，意見文の内容が変化した書き手の数を図15-1に示す。

　図15-1からもわかるように，教師が方略を説明することで「主張＋反論想定＋再反論」の産出が促され，役割付与による説明がさらにその効果を強調することが示された。この研究において，教師は児童に対して必要最低限の説明しか提示していなかった。それでもこうした変化が認められたことは，児童がマイサイドバイアスの克服に困難さを示す原因を特定し，その原因に合わせた目標提示と，それを達成するための説明を教師が与えたためだと考えられる。

　さらにこの結果からは，教師が行為の必然性を説明することの重要性が示唆される。方略提示群と方略・役割群の違いとは，プロの新聞記者として書くことや，その義務づけの教示だけであり，意見文の書き方に関する説明は共通して提示していた。それでも図15-1のような群間差が認められたことは，「なぜ

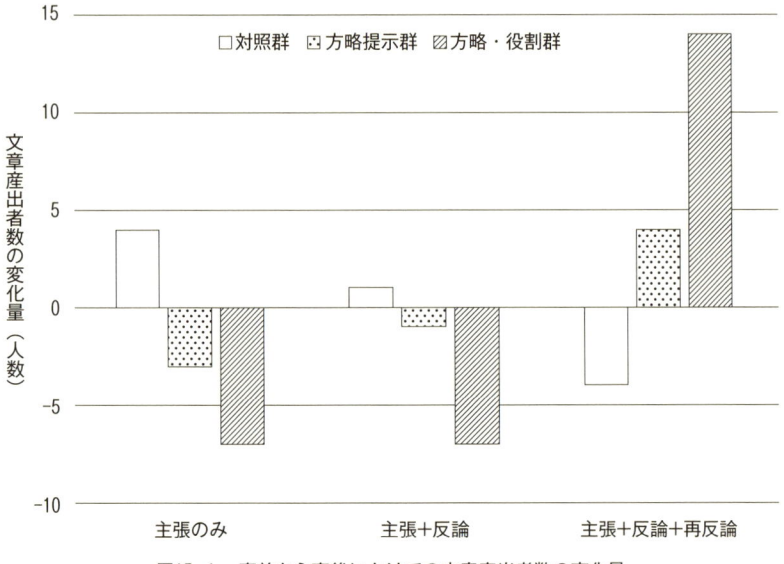

図15-1　事前から事後にかけての文章産出者数の変化量

目標を達成する必要があるのか」という問いについて，「プロの書き手はこれらの目標を達成するからだ」という必然性に対する説明が与えられたためだと考えられる。だからこそ，児童は反論想定に感情的な戸惑いを感じたとしても，その戸惑いを超えて，反論を考えながら意見を説明できたのではないだろうか。

## 3. 読み手に合わせた作文指導のデザイン

　読み手の反応を想定し，それに合わせて文章を調整することはあらゆる作文活動の根幹を成す行為である。したがって，作文指導では児童生徒が自発的に読み手を想定し，その反応を予測しながら文章を書けるようにするための指導が不可欠となる。その際に留意が必要であるのは，本章で紹介してきたように，読み手を想定するという簡単に見える目標であっても，児童生徒にとっては達成困難な目標となっている可能性があり，その困難さの理由も複数存在しているという点である。したがって，教師は読み手を想定した書き方の指導を

行い，文章を書かせて終わるのではなく，書かれた文章から児童生徒のつまずきを掬い取り（無明である点の抽出），その無明を明にするための説明を考え，次の作文指導，および作文課題に反映させるといった循環的な指導を行う必要があると考えられる。

　また，仮想の読み手を想定させるだけでなく，現実の読み手に向かって文章を書き，相互に読み合い，応答し合う活動を取り入れることも，読み手意識の重要性を効果的に伝える指導となる可能性がある。たとえば，筆者らの研究では，自分と異なる立場のクラスメイトに対して意見文を書き，相互に読み合い，文章によって応答し合う活動を行うことで，低学年児童であっても，反論を想定しながら自分の意見を説明できるようになることが示されている（小野田・松村，2015）。作文活動は個人で行われることが多いが，本質的には他者と対話し，相互行為を営むための活動だと言える。教師はそうした作文活動の相互行為性を理解したうえで，児童生徒が読み手を想定できる説明や課題設計を行う必要があると言えるだろう。

### 教師への提言

　本章で紹介した研究は，一斉授業ですぐに実行できるという目標提示の利点にこだわり，教師による「最小の説明」で効果を生み出すことをねらいとしていた。そのため，本章における説明の文章（方略や役割付与の文章）は，一般的な「説明」としてはかなり短く，単純な内容であるように思われるだろう。それでも，あえてこの実践を紹介したのは，教師が「最小の説明」を考えることで効果的な指導が実現する可能性を示したいと考えたことによる。

　筆者の場合，良い説明をしようとして情報を加え過ぎてしまい，結局要点が説き明かせていない感触をもつことがある。必要な情報を的確に与えたいと思う反面，その的確さを情報の量によってごまかしているとも言えるだろう。振り返ってみると，それは多くの場合「伝えたい情報」と「伝えなければならない情報」を混同していることに起因していると思われる。そこで，一つの解決策となるのが「最小の説明」を考えることである。最小の説明を行うためには，受け手の不明点を捉え，それを踏まえて「伝えなければならない情報」を抽出する必要がある。このように，「伝えなければならない情報」を押さえたうえで，「伝えたい情報」を適切に加えることが要点を押さえた質の高い説明を構成すると考えられる。最小の説明は受け手にとって理解，内化しやすいだ

けでなく，説き手にとっても受け手の知識と説明内容についての理解を深める重要な行為になると言えるだろう。

## 読書案内

犬塚 美輪・椿本 弥生（2014）．論理的読み書きの理論と実践：知識基盤社会を生きる力の育成に向けて　北大路書房（推薦理由：教育心理学や教育工学の理論を踏まえて読み書きについて論じられており，基礎理論から指導方法のアイディアまで得られるものは多い。「論理的な読み書きはなぜ重要なのか」という本質的な問いについても考えさせられる一冊。）

茂呂 雄二（1988）．人はなぜ書くのか　東京大学出版会（推薦理由：作文はときに個人内に閉じた活動として捉えられることがある。しかし，人がことばを書くのは，本質的には他者との相互行為のためであろう。「人はなぜ書くのか」という根源的な問いから，書くことの意味を再考させてくれる良書。）

## 文　献

Allen, M.（1991）. Meta-analysis comparing the persuasiveness of one-sided and two-sided messages. *Western Journal of Speech Communication, 55*, 390-404.

Baron, J.（1995）. Myside bias in thinking about abortion. *Thinking and Reasoning, 1*, 221-235.

Ferretti, R. P., MacArthur, C. A., & Dowdy, N. S.（2000）. The effects of an elaborated goal on the persuasive writing of students with learning disabilities and their normally achieving peers. *Journal of Educational Psychology, 92*, 694-702.

Kahneman, D.（2011）. *Thinking, fast and slow*. New York, NY: Farrar, Straus and Giroux.

Lindgren, E., Leijten, M., & Van Waes, L.（2011）. Adapting to the reader during writing. *Written Language and Literacy, 14*, 188-223.

Nussbaum, E. M., & Kardash, C. M.（2005）. The effects of goal instructions and text on the generation of counterarguments during writing. *Journal of Educational Psychology, 97*, 157-169.

O'Keefe, D. J.（1999）. How to handle opposing arguments in persuasive messages: A meta-analytic review of the effects of one-sided and two-sided messages. In M. E. Roloff（Ed.）, *Communication yearbook, 22*, 209-249. Thousand Oaks, CA: Sage.

小野田 亮介（2014）．説得対象者の差異が校則に関する児童の意見文産出に与える影響——社会的領域理論における領域調整の観点から　発達心理学研究, *25*, 367-368.

小野田 亮介（2015）．児童の意見文産出におけるマイサイドバイアスの低減—目標提示に伴う方略提示と役割付与の効果に着目して　教育心理学研究, *63*, 121-137.

小野田 亮介・松村 英司（2016）．低学年児童を対象とした意見文産出指導——マイサイドバイアスの克服に焦点を当てた実践事例の検討　教育心理学研究, *64*, 407-422.

Perkins, D. N.（1989）. Reasoning as it is and could be: An empirical perspective. In D. M. Topping, D. C. Crowell, & V. N. Kobayashi（Eds.）, *Thinking across cultures: The third international conference on thinking*（pp.175-194）. Hillsdale, NJ: Erlbaum.

山田 剛史・井上 俊哉（編）（2012）．メタ分析入門：心理・教育研究の系統的レビューのために　東京大学出版会

# 索　引

## 事項索引

# 人名・団体索引

**執筆者紹介**（＊：編者）

小野瀬雅人　　筑波大学大学院心理学研究科博士課程単位取得退学
　　　　　　　現職：聖徳大学大学院児童学研究科教授
　　　　　　　　　　第 1 章

楠見　孝　　　学習院大学大学院人文科学研究科博士課程中退
　　　　　　　現職：京都大学大学院教育学研究科教授
　　　　　　　　　　第 2 章

松尾　剛　　　九州大学大学院人間環境学府博士課程修了
　　　　　　　現職：福岡教育大学教育学部准教授
　　　　　　　　　　第 3 章

高垣マユミ　　九州大学大学院人間環境学府博士課程修了
　　　　　　　現職：津田塾大学学芸学部教授
　　　　　　　　　　第 4 章

小林寛子　　　東京大学大学院教育学研究科博士課程修了
　　　　　　　現職：東京未来大学モチベーション行動科学部准教授
　　　　　　　　　　第 5 章

工藤与志文　　東北大学大学院教育学研究科博士課程中退
　　　　　　　現職：東北大学大学院教育学研究科教授
　　　　　　　　　　第 6 章

山森光陽　　　早稲田大学大学院教育学研究科博士課程中退
　　　　　　　現職：国立教育政策研究所初等中等教育研究部総括研究官
　　　　　　　　　　第 7 章

篠ヶ谷圭太　　東京大学大学院教育学研究科博士課程単位取得退学
　　　　　　　現職：日本大学経済学部准教授
　　　　　　　　　　第 8 章

岸　　学　　　早稲田大学大学院文学研究科博士課程単位取得退学
　　　　　　　現職：東京学芸大学次世代教育研究推進機構特命教授
　　　　　　　　　　第 9 章

山本博樹＊　　筑波大学大学院心理学研究科博士課程修了
　　　　　　　現職：立命館大学総合心理学部教授
　　　　　　　　　　第10章

深谷達史　　　東京大学大学院教育学研究科博士課程修了
　　　　　　　現職：広島大学大学院教育学研究科准教授
　　　　　　　　　　第11章

伊藤貴昭　　　慶應義塾大学大学院社会学研究科博士課程修了
　　　　　　　現職：明治大学文学部准教授
　　　　　　　　　　第12章

町　　岳　　　名古屋大学大学院教育発達科学研究科博士課程修了
　　　　　　　現職：静岡大学大学院教育学研究科准教授
　　　　　　　　　　第13章

犬塚美輪　　　東京大学大学院教育学研究科博士課程修了
　　　　　　　現職：東京学芸大学教育学部准教授
　　　　　　　　　　第14章

小野田亮介　　東京大学大学院教育学研究科博士課程修了
　　　　　　　現職：山梨大学大学院総合研究部准教授
　　　　　　　　　　第15章

## 教師のための説明実践の心理学

2019年10月10日　　初版第 1 刷発行　　定価はカヴァーに表示してあります

編著者　山本博樹
発行者　中西　良
発行所　株式会社ナカニシヤ出版
〒606-8161　京都市左京区一乗寺木ノ本町15番地
Telephone 075-723-0111
Facsimile　075-723-0095
Website http://www.nakanishiya.co.jp/
Email　　iihon-ippai@nakanishiya.co.jp
郵便振替　01030-0-13128

装幀＝白沢　正／印刷・製本＝亜細亜印刷株式会社